学術選書 066

イスラームの神秘主義

嶋本隆光

KYOTO UNIVERSITY PRESS

京都大学学術出版会

炎の中に消える蛾（著者による彩画「はじめに」参照）

酒宴の図（楽器の演奏）本文 93 ページ参照

はじめに

ある夜、蛾たちは羽を羽ばたかせながら群れ飛んでいた
蝋燭の炎の正体を知るためである
とらえどころのない炎について手がかりを得るために
仲間のうち一匹を選んで、調べに行かせることにした
一匹の蛾が、炎から離れたところ、蝋燭が燃え盛る
王宮の窓のところまで飛んでいった
しかし、それ以上近づくことはせず、自分が理解したことを
飛び帰って、仲間に伝えた
蛾の頭領はこの蛾の言うことを退けて、言った
「こいつは炎のことを何も知らない」。
すると、この蛾よりは熱意のある別の蛾が
飛び立ち、王宮の戸口を飛び過ぎて
臆病そうに、かすかに震えながら
炎の周りを旋回した

そして、仲間のもとへ舞い戻って
自分がどこまで行ったか、どれほど多くのものを見たかを伝えた
頭領が答えた。「お前には、いかに蝋燭が燃えるのか
見極めた者の様子が窺えない」。
ついに、もう一匹の蛾が、フラフラしながら飛び立った
炎のように燃える愛の求めに応じて、それに向かったのである
彼はしばしば（炎に）浸り、狂ったような恍惚の様子で飛翔した
彼自身と炎は、その飛翔の舞によって混じり合い
炎は彼の羽の先、身体、頭を包んだ
彼の存在は、半透明の赤色に光り輝いた
（蛾の頭領が）突然、火柱が立ち上がるのを見た時、
この蛾の姿は光り輝く炎の中に消えていた
頭領は言った。「知っている。彼は知っている。我々の求める真理を。
我々には悟りえない、あの隠された真理を。
あらゆる真理のさらに向こうに行くということは、
我々の心から逃れようとする、あの叡知を見出すことなのだ。
お前たちは、まず肉と魂を飛び越えないかぎり、

久しく求めてきた目的に到達できないだろう。
しかし、たとい身体の一部であっても残しておれば、
髪の毛一本がお前たちを引き戻し、絶望へと投げ込むだろう。
いかなる創造されたものの魂も、ここにいることは許されない。
そこではすべての存在が消え失せるのだ」。

ペルシア人神秘主義者のアッタールという人が書いた『マンテク・アッタイル（鳥たちの会議）』の一節である。非常に有名な一節である。同様のイメージが、筆者の知るかぎり、ヒンドゥー教の聖典、『バガヴァドギーター』第一一章二八―二九節にある。後者では、戦士アルジュナの「主の姿を見たい」という願望が実現して、神の顕現を体験する場面において、次のように記されている。

河川の多くの激流が、まさに海に向かって流れるように、これら人間界の勇士たちは、
燃え盛るあなたの口の中に入る。蛾が大急ぎで燃火の中に入って身を滅ぼすように、
諸世界は大急ぎであなたの口に入って滅亡する。

重点の置き方は明らかに異なる。アッタールにおいては、真理や目的に到達するために求道者が主体

的にとる命がけの行為を象徴している。自分たちの生きる世界の向こうに、より確実で美しい真実な存在があることを信じ、それを体得するために献身した人々は、古今東西、数多い。記録に華々しく残された「賢者」と同時に、無名の求道者がそれ以上に多くいたと推測される。

人間は実現が可能かどうかはともかく、いつも何か理想的で絶対的な何者かに対する憧憬を抱き、それを体得したいと考えている。その人が純粋で穢れのない心を持った若者か、あるいは死をさほど遠くないところに控えた年配者か、誰でもよい。理想には世俗的な理想もあれば、脱俗的な理想もある。本書が扱うのは前者ではなく、後者、すなわち宗教・哲学的な理想を追求する人々の見果てぬ夢である。現世的な富や名声ではなく、得体の知れない「超越的」存在、それは神と呼ばれようと、エホバ、ブラフマン、アッラー、根源的生命、宇宙的存在、なんと呼ばれてもかまわない。人間、特に宗教的理想を真に実現したいと願う人は、人生のある段階で、この「超越的」存在を知ろうと務める。

一般に、このような宗教的理想を求めるのは、その人が人生の何らかの重大な岐路に立ち至った場合が多いようである。仕事、人間関係、金銭、恋愛、なんであれ、これらのことが原因になって深刻な問題が生じた場合に、「神仏」に頼ることが多い。これらの問題が解決した途端、「神仏」と無縁になる人がいる一方で、一生涯この問題に真剣に立ち向かう人がいることも事実である。一方、時代の抱える艱難が個人に深刻な影響を与えて、その人を「超越」への思索に向かわせることもある。これとて個人の問題と言ってしまえばそれまでだが、多かれ少なかれ時代が思想を作るのであるから、時代の条件は思想・信条の形成に多大な影響を与えた点を軽く見ることはできない。本書はこの両面を考慮しながら、二一世紀の始まりの状況から叙述を始める。

現代人にとって「神聖」な領域との交感は、昔の人々と比べて容易ではなくなっている。これには非常な集中力と献身が必要で、多大な犠牲を要求する。特に、科学万能で世俗化が極端に進んだ先進国の大都会、インターネットの普及であらゆる情報が瞬時に獲得できる状況の下では、「聖なるもの」との接触を持つ機会はきわめて稀である。しかし、人類の歴史は、「聖なるもの」との接触を不惜身命の意志を持って追求していた人々の存在を教える。そして、宗教的理想追求の過程で、理想を真に実現するためには、最終的にその存在との一体化、「神人合一」体験が必須であると考えられていたことを知るに至る。この体験をした人は確かにいた。ただし、その先達の足跡をたどると、この体験は知性や理知の力で到達できる領域ではないことがわかる。この体験に至ることは、全人的な献身と集中を要する、まさに命がけの企てであったようだ。

上の引用で蛾の頭領が述べた「我々の求める真理を。我々に悟りえないあの隠された真理を。あらゆる知識のさらに向こうに行くということは、我々の心から逃れようとする、あの叡知を見出すことなのだ」とは、まさに至言であって、この真理に至ることがどれほど至難の業であるかを知る。筆者にそのような世界がわかるはずもなく、あくまでそのような真理の存在することの可能性、それを達成するために払われた古の賢者たちの努力の一端を示すだけである。本書では、イスラーム世界でよく知られた賢者の中から、ペルシア（イラン）を中心に幅広く愛好された神秘詩人、ハーフェズを一つの事例として、生命を賭したこのイチかバチかの体験に至る入口までの道のりを学びたいと思う。

なお、本書の記述は、次の手順で行う。

第1章は、私たちが生きる現代が抱える問題群の中で、現実と理想の落差、乖離をもたらす原因の張本人と思われる、私たちの識別する能力の脆弱性について問題を提示する。私たちには目の前で起こっていることを正確に、確実に判断できない。その結果、現代人特有の分裂的症状が頻発するようになった状況に注意を促す。目の前で発生する現象を分析的に把握することで理解に達する、と考えていた立場に対する抜本的な疑いである。そしてこれに対する立場として、一気に全体を把握する理解の可能性を提示する。そして、これを理解する一つの鍵としてイスラームの神秘主義（スーフィズム）があることを示す。

第2章と第3章では、第1章で提示したイスラーム神秘主義の基礎を理解するために、その歴史、基礎的教義、つまり、以下の章を理解する上で必要と思われる神秘主義の基本的な意味を歴史的、教義的に説明し、そこで用いられる用語の解説を行う。特に、本書の主題であるペルシアの詩人ハーフェズが用いる詩的、宗教的メタファーについて解説を行う。

第4章ではハーフェズの経歴について、彼が生きた時代を踏まえながら第5章以下で紹介する彼の作品の理解を助ける情報を提供する。

第5章は、ハーフェズの人生観、第6章は非常に誤解を招きやすい酒や恋に関する詩を具体的に検討することで、実はその背後にある神智に至る奥義について学ぶ。詩人の詩は表面的、字義的に解釈しても十分に意味をもつ一方で、立場を変えて読むとき、そこには深遠な神秘主義の世界が展開していることがわかる。第7章では、ハーフェズの詩を理解する際、最大の障壁が私たちの理性・理知の働きであることを知った上で、はたして理性は人間本来のあるべき姿である神とともにいる状態、すなわち、神を知ることから人間を遠ざけるのか、イスラームシーア派の伝統的解釈を踏まえながら考察する。

第8章では、神智に至る道について、大乗的に解釈する立場と「小乗的」に理解する立場がある中で、これまでの研究者の到達した理解には両者の立場が考えられることを対比的に示す。そして、本書の立場を支持する神智への道が高遠で、難度の高い障壁であることを示す代表的な研究の成果を例示する。

最終章では、イスラームの現代的解釈、さらに神秘主義が現代人に特徴的な病弊を治癒する手段として用いられた事例を紹介する。現代に生きる私たちにとって、好むと好まざるとにかかわらず、すべての古典は現代的意味を持つ。本書ではこの観点から神秘主義を理解することに特に強い関心はないものの、少なくとも現代人の抱える問題群に対応できる可能性は決して否定できないので、紹介を行う。

本書で中心になるのは第5章から第7章である。ペルシア人の作った神秘詩にとりあえず接してみようと思われる読者は、第4章の詩人に関する解説あたりから読まれれば良いと思う。その過程で、

第2章、第3章の歴史や用語の解説を参照されれば分かりやすいし、ある程度歴史やイスラーム神秘主義（スーフィズム）の知識を得ることができる。第8章の理論的解説などは、他の章をすべて読まれてから読まれたほうがわかりやすいだろう。もちろん、本書は順序よく読んで頂ければ、それが一番良いのだが、特に順序に従って読まれる必要はないと思う。

なお、本書で引用したハーフェズの詩は筆者が翻訳したものである。翻訳に際して用いたのは、ハーフェズ研究で最も広汎に用いられる Allamah Muhammad Qzvini の *Hafez Qazvini-Ghani*, 一三八七年（西暦一九六七年）版である。同時に、黒柳恒男訳『ハーフィズ詩集』（東洋文庫、平凡社）を参照した。なお、ペルシア語を理解される読者のために、巻末に本書第5章から第7章において引用した詩の原文を掲載したので、利用して頂ければ幸いである。

それでは、イスラームの神秘主義の話を始めよう。

イスラームの神秘主義◉目　次

イスラームの神秘主義

第1章　現代という時代

1　信じられない事件――人間の認識する能力

二一世紀に入り、筆者にとって信じられない事件が二つ起こった。一つは二〇〇一年九月一一日の世界同時多発テロ事件、他は二〇一一年三月一一日の東日本大震災である。「信じられない」というのは、一〇年以上前の事件においても、また三年前の事件でも、テレビの映像で見た事件は現実に起こっているのではない、としか思えなかったからである。映画やテレビは普段あまり見ないし、技術的なことはよくわからないが、創作の名のもとに作られる「特殊映像」としか思えなかった。特殊撮

2001 年 9 月 11 日の出来事
写真提供：AP／アフロ

影による映像に慣れ親しんだ人ならそれほど驚かないのかもしれないが、私には二つの事件の映像による報道は、ただ「ありえない」ものであった。現実と虚構のズレ、夢と現の乖離、とでも言うのだろうか、私は自分の認識する能力を根底から疑ってしまった。人間の持つ認識する力というのはこれほど脆いものなのか、これまで以上に真剣に考えるようになった。本書はイスラームを題材として扱うので、話を九・一一事件に限定して進めよう。

　九・一一の後、アメリカ合衆国が中心となってアフガニスタン攻撃、さらに引き続き第二次湾岸戦争（イラク戦争）が開始された。特に、後者の映像は連日放映されたが、これまた信じられないものであった。「テロ組織」と戦う勇敢な軍隊は、高額なミサイル弾を惜しげもなく「敵」の陣地にぶち込んだ。娯楽映画好きの現代人ならある程度見慣れた映像なのかもしれないが、実際に標的にされる生きた人間がいる現実の戦争であることを知れば、直視に耐えないものであった。自分とは直接関係がないとでも考えないかぎり、普通の人間に見ることができる代物ではなかったと思う。アメリカにはアメリカの論理があった。およそ三〇〇〇人の尊い命がテロリストの手によって奪われた。しかも、アメリカ合衆国本土で、である。非道な行為を行う人類の敵、テロリストに対して報復を行わないどんな理由があるだろうか。しかも、この国際社会の秩序を攪乱する、ならず者たちを阻止する力は自分にしかない。それは救いようのない思い上がりによる、「感情的な」判断であった。アメリカの「主要」な同盟国は盟主の訴えに追従した。細かい詮索は、この状況について書かれた書物や報告書を見ればよい。もうひとつ不思議なことがあった。それは、国際社会（私たち）は、アメリカを中心としてなされた（間接的とはいっても、日本はその一端を担った事実を記憶する必要がある）この暴挙を知りながら、それを積極的に肯定するわけではないが、かといって断固として反対表明をするわけでもない、どっちつかずの態度をとるうちに時間は経過して、結局、すべてを「容認」あるいは「忘却」してしまったことである。これも信じられないことであった。

私たちの感覚は一世代前の人間の感覚と比較した場合、確かに「普通」でなくなっている。少なくとも、同じではなくなっているように感じる。一九八〇年代以降のＩＴ技術、通信技術「革命」の結果、瞬時に情報を異国に伝えたり、通常の条件では起こりえない状況を、コンピューターグラフィックなどの手段で人工的に作り出すことによって、実用的に、あるいは娯楽を目的として、比較的簡単に作り出すことができるようになった。現実と虚像の区別がつかなくなる状況が多く発生している。テレビのCMの誇張表現やコンピューターゲームにのめり込む若者などが良い例だろう。自室にこもり、大半の時間を機械の作り出す「虚像の」世界を全面的に受け入れて、「快適に」そこに住み着く人たちが増えているという。虚像という考えがこれまでなかったわけではもちろんない。現実と虚像の混同は、例えば仏教などでは、その世界観の根底をなしているわけなので、格別新しい考え方ではない。ただ、現代では、「人為的に」虚像を作り出すことが普通に行われている。それに関わる人たちは、虚像と実像の区別ができない世界に生きていることがある。いや、むしろ、その差違、誤差を利用して尋常ならぬ効果を生み出し、新しい興奮を生み出す手段としている。明らかに「人為的」なのである。そして、「人為的」に生み出された像をあたかも現実であるかのように受け入れるのは、私たちなのである。

2 欧米的価値に対する疑念――知識の細分化

冒頭の二つの事件は、確かに実際に起こった事件であった。それを私自身が単なるテレビの番組の一部に違いないと感じてしまったのは、どういうことなのだろうか。何かおかしいのである。現代社会においての先進科学技術に裏打ちされた大衆社会の「快適さ」は、おそらくその起源を一七〜一八世紀の西ヨーロッパに求めることができる。一般に、「進歩」は物質的快適さを伴い、これは新技術の開発、進展、それに伴う理論化によって補完される形で進行する。一七世紀のヨーロッパでは、一四〜一五世紀から始まるルネサンスや地理上の発見、宗教改革など一連の大変革を経て、ローマカトリックの権威が前代未聞の痛烈な打撃を受けた。簡単に言ってしまえば、これまでの神中心、聖書の世界観が大きく揺らぎ始めたのである。ルネサンスも地理上の発見も宗教改革も目指すところは基本的に同じだった。人間の力の再発見である。人間の肉体の美と同時に、人間の理知、つまりわれわれの頭脳の働きを重視する立場が主要な潮流として台頭してきたのである。人間こそが、人間の持つ理性の働きこそが、判断の最終的な基準であると考えられるようになった。この傾向に拍車をかけたのが産業革命（一八世紀の後半）であった。イギリスで開始されたとされるモノの生産における画期的な変化の運動であった。

以上の流れの特徴は、知識の正確さを測る基準として分析的知に基づく「明晰性」が重視された点である。分析知とは、目前の対象を観察し、その結果得られたデータを分析し、分析された結果から一定の法則を引き出すことによって得られる知、すなわち科学的知である。この知識は確かに一定の条件のもとでは正確であっても、世界全体、人間をも含む自然全体との関係を断ち切った「部分知」であることが多い。個々の現象にはかなりの精度で適用できるかもしれないが、全体に対してバランス良く働くわけではない。しかし、科学的知がもたらす物質的豊かさ、人類の未来に対するかつてない明るい展望は、中世的人間には想像もできなかった新しく、力強い精神を生み出したのである。

一九世紀のヨーロッパはこの新しい精神に基づく傾向が極点に達した時代であって、知識人の多くは、あらゆることを人間の頭脳の働きを用いて知ることができるし、解決できると楽観的に信じていた。そういう希望を持つことができたし、そのように感じても不思議ではない時代であった。もちろん、特権的な上層階級を中心とする現象であったにしても、人々は昨日よりも今日、今日よりも明日がより明るい、豊かなものであると信じた。「進化」の思想が一世を風靡した時代である。ただし、この繁栄は非常に限られた西ヨーロッパの工業国、例えば「太陽が沈まない国」と言われたイギリスやそのライバルであるフランスなど、一部の国にだけ適応できる現象であった。この事実を知ることはきわめて重要である。決して当時の世界の大多数の人々に共有された繁栄ではなかった。新しく生み出された産業、思想、価値の恩恵を受けたのは、限られた一部の国、さらにその国の中の限られた少数の国民だけであった。最初から格差が存在していたのである。

このような傾向に対して疑いがもたれ始めたのは一体いつごろからだろうか。すでに一九世紀の末頃から二〇世紀の初めにかけて、人間の理知を過信する傾向に警鐘を鳴らす人々がいた。キリスト教からの反撃や心理学などの立場から論争が開始されたが、二〇世紀の半ば頃に、ルーマニアの著名な比較宗教学者、M・エリアーダ（Mircea Eliade）は、ポストモダン主義的立場から近代西洋の合理主義に対する疑いを表明していた。ヨーロッパ内部から批判が生まれたのは皮肉といえば皮肉であるが、ある意味で致し方ないだろう。欧米人自身の批判には限界があるにしても、彼の批判のポイントは、(上記の問題に対応するためには)もはや近代ヨーロッパの自然科学者の言う「客観主義」ではなく、世界中のさまざまな(特に、非ヨーロッパ的な)伝統、文化の解釈者による同情的な見解を考慮に入れることであって、一九世紀以来の思想、価値の枠組みそのものを変える必要がある、ということであった。エリアーダは、「旧来の」西洋的精神の枠組みに加えて、アジア的、「原始的」な文化の中に見出せる精神、価値との対話の必要性を述べていた。単にアジア的で「原始的」な価値を学ぶことで解決が得られるかどうかはともかく、確実に言えることは、もはや近代西洋的価値の体系は世界中のあらゆる地域で適応できる状況ではなくなっているという現実認識である。

近・現代人が「知」の本道として疑わない近代西洋的「知」は、現在さまざまな領域で機能障害を起こしている。合理性を最大の特徴とするこの精神は、一定の普遍性を含むとはいえ、もともと一八～一九世紀の西ヨーロッパという特殊な歴史的条件のもとで確立された考えにすぎない。したがって、近代社会の諸関係が複雑になるにつれて、「合理的」に処理されるはずの問題が、もはや従来どおりに処理できない状況が多発してきた。この現象は、西洋先進諸国(日本を含む)ばかりでなく、本来西洋諸国とは歴史的条件の異なる世界中のさまざまな地域においても観察できる。いわゆるグローバリゼーション(実は、アメリカナイゼーション)が必然的に生み出した負の遺産であって、大国の意図に逆行する現象である。

この事実認識に基づき、私たちはこれまでとは異なる世界観を知る必要がある。慣れ親しんだ近代西洋的知に過度の信頼を置いた結果、現代人の人格に分裂的傾向が生じているように見えるという現象があるならば、この現実をより深刻に受けとめ、その意味を探る必要があるだろう。一つの方法が、上述のエリアーダの指摘するように、近代ヨーロッパ以外の地域に解決のヒントを求めることである。例えば、筆者は前著『イスラーム革命の精神』（京都大学学術出版会、二〇一一）で、一九七九年のイラン・イスラーム革命の成就に貢献したイデオローグの一人、モルタザー・モタッハリー（一九二〇～七九）の思想を紹介・分析することによって、近代西洋の思想に対するイスラーム的な、確かに近代西洋とは異なる一つの立場の可能性を明らかにした。その中で、第6章「自己を知ること——イスラーム的「完全な人間」」において、イスラームにおける倫理の問題を論じた。倫理の背景には宗教的な伝統の価値があり、その伝統的価値を身につけた人間がいる。それによると、イスラーム的な理想的人間像は、「魂の浄化」を通じて神智（イルファーン）を獲得した人である。では、「魂の浄化」はどのようにして達成できるのかといえば、それは神秘道の「行」を通じてである。モタッハリーは思想家としてこの問題を哲学・思想の問題として提示したが、彼が理論的に示した内容は実際の「行」を通じて現実のものとなる。理性的、合理的精神の旺盛なこの人物が、果たして神人合一体験を経たのか、筆者には断定することができない。とまれ、神、あるいは人知を超越した存在を容認するほぼすべての宗教において、その存在との直接的な交渉を通じて得られる知について論じられないことはほとんどない。本書の主要な目的は、前著で十分に扱うことのできなかったイスラームの神秘主義（スーフィズム）をより深く学ぶことによって、合理的知に対置される直観知の意味と働きを知ることである。現代人の私たちがこの問題を学ぶ最大の理由の一つは、近・現代社会で築かれた価値の問題、さらに私たちの認識する能力のあり方を、改めて考え直す重大なヒントを与えてくれるように思うからである。

3　イスラームと現代社会

実は、イスラームの神秘主義を媒体として現実の社会に蔓延る病弊に何らかの「治療」を施そうとする試みは、すでに一九七〇年代のアメリカを中心に行われていた。例えば、イラン人の研究家、レザー・アラステ（Reza Arasteh）やセイエド・ホセイン・ナスル（Seyyed Hossein Nasr）などが、当時の欧米社会の閉塞状況を打開する方策を提案していたのである。一九六〇〜七〇年代のアメリカといえば、ベトナム戦争（一九五五〜七五）、若者の間の政治不信、権威主義に対する抵抗の運動が盛んに行われていた頃である。イギリス起源のパンクミュージックなども現状打開を目指す若者の感情表現の一つであった。エルヴィス・プレスリー、ジョーン・バエズ、ボブ・ディランなど、音楽界の英雄を輩出した。ほぼ同時期に並行して進められた「公民権運動」とともに、アメリカ社会は未曾有の変動期にあった。一九世紀以来世界を牛耳ってきたイギリスの権威が、ほぼこの時点で終わりを告げ、アメリカが押しも押されもせぬ大国としてのし上がる産みの苦しみの時代であった。上記二人のイラン人研究者は、この社会の混乱に対応する方策の可能性をそれぞれの立場から提示したのである。本書の趣旨と関連性を有するので、アラステ、ナスルについては最終章で紹介・検討したい。

すでに述べたとおり、現代的価値の基盤となる近代西洋的知の特徴は、対象の観察によってデータ（情報）を収集して、それを分析、総合化する過程を経て、一定の法則を見出すことである。このような手順自体は、程度の差こそあれ、私たちが何らかの判断を行う場合に日常的にやっていることなので、特別に問題がないように見える。しかし、問題なのは、多くの場合、科学的知識は「部分的な」知識であることが多いので、ある特定の領域では驚くべき正確さで効力を発揮する反面、適応外の領域では全く無用の長物となってしまうことがある。私たちはこの「科学的」知識とその成果を日常生活の中で、「進化した」文明の成果として驚くほど無邪気に、無批判に受け入れている。

例えば、現代社会において必須のアイテムとして携帯電話やパソコンがある。利用している人は、便利なので手放せない。ほとんどホリック状態の人もいる。しかし、Eメール一つを例にとっても、便利な反面、むしろ無駄が大変多いことがわかる。メールを送る人はそれなりの理由でメールを送るのだろうが、受け取る側はそれに返答しなければならない。一週間ほど間を置くと、五〇以上のメールが送られてくるのは普通である。その中のいくつかはあまり重要でないと思って放っておくと、早く返事をくれというメールが来る。また、メールでは、言葉の誤用や変換ミスなどで（もちろん私もよくやるのだが）、真意を質さねばならないことがしばしばある。このようなことは、文章化する際に機械に頼るあまり、言葉に対して敬意を払わず、無意識的に雑になっているためであると思う。もう一つ気になる例を挙げると、通勤電車の中などで約束の時間を直前に変更、さらに悪い場合はドタキャンする電話やメールを送る人をしばしば目にすることである。私も学生とのやり取りで、日常的に経験する。手紙だけの時代はともかく、もう少し進んだ時代なら電報でも打ったのだろうか、などと思ってしまう。アナクロだと言わないで欲しい。私が気になっているのは、倫理の問題なのである。いつでも電話一本、メール一本で約束をドタキャンできる社会の雰囲気に異様さを感じるのである。

このような便利なものが生み出したのは、結局、一面の混乱であって、普遍的な安定性ではない。情報は過剰なほどあり、人々は確かに多様な選択肢を持つ。ところが、実は選択しきれていないのが現状ではないだろうか。そして、自分の理解できる限られた部分的な知識については、時に驚くほどに異常なまでの対応能力を発揮する。しかし、いったん自分の「専門領域」を離れると、ほとんど対応できない。この点は特に人間関係において顕著である。科学の進歩によって人間はこれまで知ることのできなかった広範な領域について知るようになった。実はそのように思っているだけで、相変わらず人間は世界について何も知っていないのかもしれない。得意な領域を離れた人は、自分でうまくいくと思っていた、予想していた結果が得られないことで混乱に陥ってしまう。個別的な問題にはあれほど巧みに対応できるのに、全体との関連性が見えないのである。私は、現代人の、特に若者たちの適応障害の原因はこの辺にあるのではないかと感じている。全体とのバランスがどこかで崩れているように見える。もちろん他人事ではない。

4 直観知と現状打開の方策

このような問題に答えるのはむずかしいが、考えるヒントとして頭脳を用いた理知の働きではなく、直観的に獲得する知（直観知）があるのではないかと思われる。これまで述べてきた理性を用いた分析的な知は、概念を用いて物を考える能力を人間が持っていることを前提としている。これに対して、直観知（神秘主義）は、一瞬にして真理が全体として人間に獲得される可能性を示している。このような方法によって獲得された知は、W・ジェームズによれば、①言葉で説明することはできず、②その体験者には格別な意味を持つことを特徴とする。この直観知の持つ特徴を説明するために、本書ではイスラームの神秘主義、中でもペルシア（イラン）のみならず、世界中の人々に知られ、愛されている詩人、ハーフェズ（一三二六〜八九）の詩を用いる。ただ、次章以下具体的な話に入る前に、ここではもう少し理論的な話を続けたいと思う。

もう一度、話を近代西洋的な知に戻してみる。近代西洋的な知は、いくつかの特徴的な方法で受け入れられてきた。ある立場によれば、私たちが見たり感じたりする物は確実に「存在して」おり、私たちはこれを観察して、その感じるものについての情報（データ）を集め、それを分析した結果、何らかの結論に到達する。この立場によれば、最初から観察の対象としての物は存在するので、この物に関する情報の解析を通じて得られる細分化された知識は、やがて固定化（法則化）される。対象に関する情報量が多ければ多いほどよいのは言うまでもない。その際、経験が非常に重要な役割を果たす。より多くの情報に基づき得られる知識は、蓋然性の高さによってより正確であるとされる。ただ、このような理解のされ方では、物は最初から存在するとされるため、対象に関する知識がどれほど精密化しても、その物に関する知識は硬直化してしまって、柔軟に対応できないことがしばしばある。

これに対して、物の存在ははじめからあるのではなく、人間自身がそれを主観的に「ある」と認めることによってはじめて存在すると主張する立場がある。この立場によると、人がある物を認める場合、その基本となるのはその人の個人的な原初的な体験である。例えば、最初から普遍的な実体としての「リンゴ」があるのではなく、ある人が「リンゴ」とみなすのはその人がこれまでの経験でその人自身のうちに「作り上げた」リンゴである。彼の家族、友人、恋人など、どれほど親密な人であっても、彼らが意識の中に持っているリンゴと、色、味、形などにおいて違っている。少なくとも全く同じではない。その内実は誰とも共有されることはない。ただし、普通の人はリンゴを見てスイカやメロンとは思わないので、一まとめに「リンゴ」という言葉（概念）で括ってしまうのである。通常の生活でこのような微妙な違いが問題になることはあまりないかもしれない。特に、実際に目で見たり、手で触ったり、匂いを嗅いだりできるものについてはそのとおりであるかもしれない。しかし、時にリンゴ以上に重要な「愛」「平和」「幸福」など抽象的な概念についてはどうだろうか。おそらくそれぞれの人が抱くイメージは、リンゴよりはるかに複雑かつ微妙で、場合によっては決定的な相違があるかもしれない。

ここで言いたいのは、このような知を獲得する作業において用いられる言葉の持つ伝達能力は限られており、実は日常生活においても、私たちが考えているほどの効力を発揮していないのではないかということである。言葉のこの脆弱性に加えて、人間の認識能力の脆弱性は、人類の歴史ではかなり昔から知られていた。仏教では、『般若心経』において「色不異空、空不異色、色即是空、空即是色」と表現されているように、私たちは実体のないものを実体のあるものと根本的に勘違いしている点を、鋭く指摘してきた。しかし、産業革命を経験した近代西洋の場合、状況に大きな変化が生じたと思う。古代インドで上記の考えが表明されたのは、基本的には非常に限られた知的エリートの間であって、彼らの知的活動の成果であったにすぎない。これに対して、産業革命以後の世界においては、好むと好まざるとにかかわらず、「民主的な」近代市民社会的価値はこれまでには想像できないほどの広範な領域に拡大した。少なくとも資本主義的な経済体制を受け入れ、近代欧米の生活様式に従って生活する国々における教育の普及によって、これまでとは比較にならない多数の人々の間で「民主的」な考え方が影響力を持つ状況にあるからである。特に、第二次世界大戦後、アメリカの世界「支配」が確立するにつれて、この傾向は、すでに述べたようなグローバリゼーションという聴き慣れた流行語を傘にして、決定的となる。そして、二一世紀に入った世界は、そのようにして打ち立てられたはずの秩序そのものにゆらぎを感じているのである。その変動の意味を外面的な世界政治や経済の動きからではなく、内的な人間の心の動きとして考えようとするのが本書の目的である。

以上を言い換えると、近代的な合理的思考は、理性の働きを究極の手段とし、理性の働きは言語の働きを絶対的に信頼する、ということである。ところが、その言語が、実は多くの人々の間で自分の気持ちを伝える手段としてではなく、誤解と混乱の主要な原因となっているとすればどうなるのだろう。誰にも理解されていない、あるいは、ほかの人を言葉で説得することの虚しさ、無益さと空虚さを知ってしまった人は、結局自分に籠るしかないのだろう。

そこで、現在私たちが使っている言葉そのものの働きをもう一度考え直してみることが必要なのかもしれない。その過程で、一つの興味深い現象があることを知る。それは禅の公案などでよく用いられる、通常の用法では全く意味をなさない言葉の使い方である。現代人にとって無意味な「非合理的な」言葉を発することは、恥と感じられる。だが、意味を持っていると思っていた言葉が、実はほかの人には思うほどに伝わっていなかったとすれば、私たちの伝達の方法、認識能力そのものを問い直さねばならないのかもしれない。そこで、一歩立ち止まって、これまで「常識」と考えられてきた意味の構造をあえて無視して、一見「無意味な」発話をおこなうことで「新しい意味」「創造的な意味」を生み出すことに挑戦してみるという方法がある。一九世紀の西洋人が信じた理性の世界、合理主義の世界の正統性は、もはや確信を持って主張することができない。もしそのような状況があるのであれば、旧来の慣習的な言葉を用いて表現された意味をもう一度シャフルして、考え直してみることが大切な理由はここにある。

この問題を本書では、イスラームの神秘主義（スーフィズム）の事例を用いて考えてみようというのである。具体的にはハーフェズの詩を取り扱うのだが、この詩人は多くのイラン人が告白するように、理解が容易ではない。日本人の私には一層困難であることは十分に承知している。しかし、ハーフェズは「公案」的な言葉の使い方について、格好の事例を提供してくれるだろう。うまくいくかどうかは全く心もとないのだが、この問題は是非挑戦してみたかったので、非力を顧みずやってみようと思ったのである。

次章からこの挑戦を開始するが、本題に入る前にまずイスラームの神秘主義（スーフィズム）について歴史や教義など全般的な解説を行い、以下の記述の理解を容易にする作業から始めたいと思う。

第2章 イスラーム神秘主義（スーフィズム）の歴史と教義

イスラームの神秘主義はスーフィズムという。この用語について、英語のイズムはともかく、この言葉のもとになっている語は、スーフである。スーフとは、羊毛でできた粗末な布のことで、神秘主義者達が愛用した衣服の素材であったという。また、この語には純粋という意味もあって、純粋に神の道を邁進する人たちのことを意味したという説もある。アラビア語ではタサッウォフ（tasawwuf）といい、イラン人（ペルシア人）はスーフィーギャリー（sūfīgarī）という。さらに、少し怪しい説だが、この語はギリシア語のソフィア（智）と関係があるとの主張もある。いずれにしても、究極の智である神の真理を真剣に求める人々は、世界中でどの時代にも、どこにも存在したわけであって、イスラーム世界に特異な現象では全くない。

従来、イスラームの神秘主義を論じるとき、キリスト教やインドの思想、仏教、その他の宗教の影響が指摘されてきた。さまざまな宗教的伝統の影響があった点は否定できないとしても、同時に忘れてはならないのは、スーフィズムの発展した時代の中東地域の独自な条件である。すなわち、八世紀から九世紀前半の時代は、アッバース朝（七五〇〜一二五八）が全盛期にあって支配者として君臨していた。これは、イスラーム文化が大いに発展した時代であった。したがって、多様な言語・文化を持った民族が帝国内に編入された。その結果、世界中からさまざまな文化・思想が流入して、国際的な文化が形成されたことは自然の流れであり、必然でもあった。古今東西、世界中に存在した文化を考えてみれば、はたして外来文化の影響を全く受けることなく独立してできあがった文化などあるのか、疑問である。

このように考えると、スーフィズムが外来思想の模倣であるといった類の議論はあまり生産的であるとは思えない。というのも、文化の連続性と非連続性を論じるとき、孤立した、非連続的な文化の存在はきわめて不自然な現象であると考えられるからである。全くの無から生じた物があるとすれば、おそらく神の創造行為の結果生まれた物だけであろう。とすれば、イスラームの神秘主義、スーフィズムを論じる場合でも、外来の要素を受け入れながらイスラーム独自の発展を遂げたと考える方が理にかなっている。以下、本章と次章では、イスラームにおける神秘主義の発展とその内容を次の項目に従って叙述したいと思う。

（1）『コーラン』に見られる神
（2）預言者ムハンマドのイメージとスーフィズム
（3）禁欲主義者から神秘主義者へ
（4）神秘主義の体系化
（5）神智（イルファーン）に至る階梯
（6）スーフィズムの組織化――道場（ハーネカー）
（以下、第3章）
（7）神智（イルファーン）
（8）神智論の用語
（9）スーフィズムとペルシア（イラン）――神秘詩のメタファー

では、イスラームの聖典『コーラン』に見られる神についての話から始めよう。

1 『コーラン』に見られる神

神秘主義の出発点は神の存在である。神が存在しなければ、超越的存在との神秘的合一体験もない。当然、神を知ることもない。仏教の禅、その他における修行を通じた「無」の境地、あるいは恍惚状態(トランス)は、近似した体験であったとしても、もし神など絶対的存在を容認しないとすれば、イスラームの神秘主義とは必ずしも同じではないかもしれない。イスラームの教義の根本は『コーラン』であるから、そこで神はどのようなものとして捉えられているのか、まずこの点を確認してみよう。

一般に、イスラームの神、アッラーは、峻厳で人を寄せつけないイメージがある。アッラーのこの一面は重要であろうが、人を寄せつけない神に人々が寄っていくというのは、まことに奇妙な話である。後の章で詳しく述べるように、神秘主義者たちは、神をあたかも恋人のように慕い求める。その一方で、イスラームでは、基礎教義の最下底のところに神の唯一性(タウヒード)の考えがあるので、アッラー以外はすべて相対的で欠陥を持つ被造物にすぎないと考えられる。その体系の中で、人間は確かに特異な位置を認められているのだが、だからといって人間が神になれるわけではもちろんない。したがって、イスラームにおいて神が全知・全能にして唯一絶対の存在である点に揺れはない。

しかし、神を受け入れる主体が人間である以上、人間的な基準が当然のことながら入り込んでくる。その最たるものが「はじめに」で簡単に触れ、第7章で述べる人間の理性、理知の働きである。イスラームの歴史において、人間の理知の働きに信頼して神の領域に「侵入」したグループの極端な例がムウタジラ派であった。イスラーム史上初めて理性を真理判断の基準として認め、その権威を主張した神学の一派である。この派が思想史上重要な意義を持つのは、九世紀前後に、理性が真実を測る標準であるとし、さらに進んでその絶対的権威を確立した点である。従来、イスラームにおける知の根拠は『コーラン』(=神からの啓示、神の言葉そのもの)と預言者ムハンマドの言行(スンナ)以外には認められなかったが、ムウタジラ派は、理性の自立を認めたのである。このグループのように、理性の働きに信頼し、それによってもたらされた結論に納得できる人がいる一方で、実は大半の人々は、理知の働きが宗教本来の目的である魂の救済にとってあまり役に立たないと感じていた。それどころか、真の救済にとって害悪をもたらすと考えられるようになって、イスラームの多数派、スンナ派では、排除されることになった。アシュアリー派がこの立場を代表する。この派の立場によると、「いかにと問うことなく(bilā al-kaifah)」という大原則に立って、コーランに記されたアッラーの姿を「そのまま」受け入れることを主張した。この点は、理性の働きを真理に至る根拠と認める哲学(ファルサファ)でも、程度の差こそあれ、基本的には同様であって、イスラーム教徒の間では、一部の例外を除けば人間の理知の働きには限界があることを認めていたのである。

とまれ、この両者のアプローチの仕方は根本的に異なるのであって、うまく橋渡しをしないと信者の共同体は分裂しかねない。イブン・ルシュド（Ibn Rushd／一一二六～一一九八）の「二重真理の理論」のように、両者は基本的に矛盾対立しないことを主張する立場もあったと言われる。実際、宗教の根本は人間の情念的要素であって、理知の力だけで宗教の真理を理解できる、ましてや究極の神智に到達できるなどと考えるのはおそらく誤っているだろう。かといって、人間が持つ理性的な能力を全く無視することは不可能である。事実、私たちが現在知る神秘主義の教義（体系的な教義の説明）は、多かれ少なかれ、合理的な言語を用いてなされている。なぜなら、精緻な教義を築き上げるのは知識人であり、この人たちは、程度の違いはあっても、理知の働きに信頼を置く人達だからである。

一方で、これとは対照的な人々がいた。すなわち、神にのみ信を置く立場の人々の間では、神は人間から隔絶した存在ではなく、非常に近くにいて、人間を愛してくれる存在であると受けとめる傾向があった。このような傾向を支持する考えは、コーラン自体に見られ、通常以下の箇所に根拠が見出された。（以下、『コーラン』からの引用は、井筒訳による）

（ここでアッラーはマホメットに内密に話しかける）もしもわしのしもべども（信者たち）が、このわしに関して（アッラーとは一体どんな神様かなと）お前に質問して来たならば、（こう答えるがよい）、わしは（常に信者の）近くにあり、わしを呼ぶ者がわしに呼び掛けた時、その呼び掛けにすぐ応じてやる、と。だからみんなもわし（の呼び掛けに）応えるのだぞ、さすればきっと正しい道を歩いて行けるようになるであろう。（二：一八二）

我ら（アッラー）は人間を創造した者。人の魂がどんなことを私語《ささや》いているか、すっかり知っておる。我らは人間各自の頸の血管（一番近く、一番親密なものの譬え）よりももっと近い。（五〇：一五）

いけない、いけない、あんな男の言うことを聞くな。さ、額づいて、近う寄れ（祈れということ。祈るのは神に近寄ることである）。（九六：一九）

この中で、特に「人間各自の頸の血管よりももっと近い」という表現がよく知られており、神は人間にきわめて近い存在であることがわかる。これは神が人間を愛し、人間を見守る存在であることを示す言葉とみなされた。その結果、愛（mahabba）の教義が強調されることになり、愛する者、愛される者、愛の三つが、いわば三位一体的な関係で相即不離の関係で受容されるようになる。神の愛を求め、神に愛されるというとき、神との合一体験が重視される。しかし、前にも言ったように、神と合一体験をするといっても、もちろん人間が神になれるわけではない。

このような傾向は、アッラーのような超越的で絶対的な人格神を認める宗教においては多かれ少なかれ観察できる特徴である。この問題は、後述するように、神秘主義がイスラーム本道とどのように関わるのかという点で、深刻な問題を生み出すことになった。

2 預言者ムハンマドのイメージとスーフィズム

神秘主義とイスラームの本道との関係は後で詳しく述べるとして、神を愛する行為はまずどのような形をとったのか、考えてみよう。人が何らかの行為を行うとき、行為の模範があると便利である。イスラームの基本は、神の言葉として『コーラン』、そして神の言葉を啓示として受ける任務を神から授けられた預言者、特に「預言者の封印」としてムハンマドが重要である。「預言者の封印」とは、イスラームでは旧約、新約両聖書におけるすべての預言者を認めるが（イエス・キリストもその一人）、最後の「封印された」預言者がムハンマドであって、彼以後一切の預言者を認めないことを意味する。ムハンマドは信者の鑑であって、理想的人間、完全な人間（インサーネ・カーメル（ペルシア語））と考えられた。神秘主義者たちは、まず自分たちの行為を正当化する根拠として預言者ムハンマドの言行（スンナ）を基準とした。ムハンマドの言行は、伝承集の形で九〜一〇世紀までにまとめられた。

さて、人間と神の間には永久に超えることができない「隔絶した溝」が存在することを自明の事実として容認する環境の中で、神人合一を公然と主張すれば、神に対する冒涜であるとして、例えば、有名なハッラージュ（九二二年没）のように、十字架にかけられ処刑される運命に遭う（第7章で引用する最後の詩にある「高い絞首台のあの友」とは、このハッラージュを指している）。「正統的な」教義に違反することなく、しかも無味乾燥な教義と儀礼の空虚さを埋めてくれる感性的で宗教的な要素が不可欠なのであった。そこで、ムハンマドの生涯に範をとることは、宗教学者の厳しい監視の目を躱《か》わす格好の手段であった。

ムハンマドの伝承の一つに、

神は言い給うた。私が彼に課した義務を果たす時以上に私の下僕が私に近い時はない。私の下僕は、私が彼を愛するまで、余分な義務を果たすことによって、私に近づき続ける。そして、私が彼を愛する時、私は彼の耳であり、彼は私の言うことを聞くことができる。また、私は彼の目であり、それで彼は私を見ることができる。私は彼の舌であり、彼は私によって話すことができる。また、私は彼の手であり、彼は私によって取ることができる。

というのがあり、神秘主義者たちはこれを根拠にして、神秘思想を構築したと言われる。さらに、神は言い給うた、「私の大地と天は、私を含まない。しかし、信心深い私の下僕の心は、私を内に含む」

という言葉もある。これらの伝承は、敬虔な信者が神との「合一体験」を経ることによって、「神を知る」道を開くものとしてきわめて重大な意味を持っていた。

ムハンマドの生涯に起こった事件の中で、以上の枠組みの中で最も意義深いのが、いわゆる「ミラージュ（昇天）」である。この事件は、ムハンマドが夢うつつの状態で第七天（最上天界）まで飛翔した有名な出来事である。彼は愛馬ブルークに乗って、神の近くにまでたどり着く。この天界への旅の最後の部分は天使ガブリエルに伴われ、ムハンマドは任務を果たす。その途次、歴代の預言者たちに出会うが、最終地点で神の声を聞くことができた、とされる。

実際にムハンマドが第七天で神を直接見たのかどうか、異論があったようだが、最終的にこの点は否定されている。後述するように、神秘主義者たちが修行の最終段階で「神人合一体験（ファナー）」するとき、神の顕現を実際に見るのかどうかが問題になる。しかし、ムハンマドの例などからして、やはり実際に相見えるというよりは、それはあくまでも神の側からの「恩寵」として授けられる可能性があるものとして解釈するのが良いだろう。

3　禁欲主義者から神秘主義者へ

このように預言者ムハンマドを鑑としながら、それを理想として神の道に邁進する神秘主義者たちは、おそらくイスラームの最初期からあまり多くはなかったとしても、存在していたに違いない。これらの人々は、神に愛されるために神を愛し、その目的を達成するために具体的にさまざまな方策を編み出した。第一段階はこの世を放棄すること、禁欲的にこの世を憎むことが、逆に神を愛する表現であると考えられた。これまた世界中のさまざまな宗教において観察できる現象である。ただ、これまで述べてきたように、イスラームにはこの宗教独自の表現がある。次にこの点を見てみよう。

ムハンマドが亡くなり、いわゆる「正統カリフ」時代となった（六三二〜六六一）。イスラーム教徒の多数派スンナ派によれば、イスラームの誕生から四人のカリフの統治する時代まで、信者の共同体は理想的な状態であった。実際は理想とは程遠い状況ではあったが、四代目のカリフ（シーア派によれば、初代イマーム）、アリーが暗殺されると、信者共同体はイスラームの基本原理を守らない支配者たちが相次いでカリフの地位を占めることとなった。ウマイヤ朝（六六一〜七五〇）は、信者共同体の「退化」「堕落」の始まりであった。この状況を背景にして、ウマイヤ朝カリフのようにイスラームの教えを厳格に守らない支配者が天国に入ることができるのか、大いに議論がなされた。不正な支配者が権力を謳歌する状況の中で、真剣に神を求め、宗教的に清く美しく生きたいと願う人たちは、ますます社会からの逃避、隠遁生活を選択するようになった。そのような人が多数あったとは考えにくいが、特に預言者ムハンマドを実際に見た人々の中にこの傾向を持つ人が多かったと言われる。彼らは神による処罰を恐れ、そのようなストイックな選択をしたのである。

イスラーム教徒が残した「聖者伝」の中には、多くの敬虔な信者の名前が記録されているが、それらの人々について多くを語っても読者は退屈するだろう。したがって、ここでは代表的な聖者を二名挙げるにとどめよう。その一人は、現イラクの南部に位置するバスラに居住したハサン・バスリー(七二八年没)である。この人物は神学者であり、禁欲主義者として知られている。神秘主義者たちの間では、最初のそして最も著名な教友として認められていた。このような禁欲主義者たちは、これまで繰り返し述べたように、現実の不条理に対して痛切な矛盾を覚え、貧困と禁欲の実践道を踏み進んだのである。

この運動はバスラを皮切りにして、同じくイラク南部のクーファ、さらにイスラーム全土に広がる勢いを示したが、ホラーサーン(現在のイラン北東部の地方)へと拡大したグループは、後にイスラーム史において枢要な役割を演じることになる。というのは、この地方は八世紀の後半に入ると、イスラーム世界における政治・宗教的な中核地域となるからである。言うまでもなく、ウマイヤ朝に代わるアッバース朝(七五〇~一二五八)は、この地方のシーア主義者(つまり、初代イマーム、アリーとその後継者だけを正統なイスラーム共同体の指導者と認める人々。拙著『シーア派イスラーム——神話と歴史』を参照）の運動の中核的地域となっていたのである。さらに、本書の中心を占めるペルシアの詩人たちが独特の神秘主義的立場を展開するようになるのが、アラブ地域ではなく、イラン地域であったことも記憶しておく必要があるだろう。同時に、この地域は諸宗教が並存していたことでも知られており、イスラームが宗教・思想として、外来宗教・思想の影響を蒙りながら発展する過程において、格好の温床を提供していたと言えるかもしれない。

少し特殊な話になるが、このホラーサーン地方の禁欲主義者たちの中から、神秘主義に独特の用語の一つが初めて使われ始めたと言われる。すなわち、神秘主義の階梯（後述）を一段一段上昇することによって、神との神秘的な合一体験（ファナー）に至るとされるが、その際、各人は神秘的な状態（ハールという）を体験する。そのハールの重要な一つに「神に対する信頼（タワッコル）」があるが、この言葉がホラーサーン地方で最初に定義されたというのである。

ともあれ、この時代にもう一人よく知られた禁欲主義者の名を挙げれば、同じくバスラの女性、ラービア（八〇一年没）であろう。彼女は多くの求婚者に愛を求められたが、自分にとってそのような現象世界は真の存在ではないとして、自らは神とともに生き、それ以外の存在はない、さらに、婚姻の契約は神から求められるものであって、自ら求めるものではない、と述べたという。彼女は愛を重視したことであまねく知られ、やがてこの傾向は、愛の教義へと変容していったとされる。以上、簡単に述べたように、イスラームの禁欲主義は、宗教的理想とは程遠い現実の世俗的な生活に抗議して、そこから逃避するための手段として開始された。しかし、九世紀頃になると、存在に関する理論、神智論的な理論形成が進められるようになってゆく。いわゆる神秘主義者が登場するようになるのである。

4 神秘主義の体系化

これまでイスラーム史最初期の敬虔な禁欲主義者について述べてきた。その基本となるのは、現実の不条理に対して、一部のきわめて宗教的な人々が厳格で脱俗世間的な生活を送ったことである。社会関係を否定するだけではない。同時に自己を徹底的に否定しようとした。それは究極的に神の「愛」を獲得するための手段であったはずであるが、そこには必ずしも喜びがなかったと言えるかもしれない。やがてこの過程を理論化する動きが現れる。それはバグダードを中心に始まった。既述のとおり、八世紀中葉以降の中東では、アッバース王朝が権勢を振るっていた。首都バグダードでは、当時の世界で知られていたさまざまな思想、風俗を観察することができた。キリスト教徒はイスラーム教徒と議論を行い、プラトン、アリストテレス、さらに後期ギリシアの哲学者の思想がもたらされた。例えば、イスラームの基礎教義である神の唯一性（タウヒード）がギリシア的合理主義によって解説されることになる。既述のムウタジラ派が格好の例である。この流れがスーフィズムにも影響を及ぼしたことは何ら不思議ではなかった。特に、新プラトン主義の影響が強かったと言われる。新プラトン主義とは、一般にプロティノス（二〇五〜二七〇）と結びつけられ、存在には位階があり、その存在階層の最上位に唯一究極の原因を認める思想である。さらに、上位者から下位のものが「産出（流出）」するという考えを特徴とし、人間の魂はこの究極の原因（神）と「合一」できるとする。ともあれ、当時流布していたさまざまな思想潮流の影響を受けながら、イスラームの神秘主義においても、理論化への動きが現れたのである。この過程で絶大な影響力を行使することになるのが、後述するイブン・アラビーである（第3章（7）神智の項参照）。ただし、神秘主義では、その形成の過程で体制的・現状維持派の宗教学者の立場との深刻な対立を生み出す。やがて神秘主義はイスラーム本道の中に自らの位置を見出すことになる。

一般にこの潮流を最終的に完結させた人物がガッザーリー（一一一一年没）であるとされる。しかし、もちろん、この人物がスーフィズムの理論化の嚆矢であったのではなく、はるか以前の九世紀に、ムハーシビー（Al-Harith b. Asad al-Muhāsibī／八三七年没）、エジプトのズール・ヌーン（Dhū'l Nūn／八六一年没）などによって先鞭がつけられていた。彼らにおいては、愛の教義が重要であり、愛する者と愛される者（＝神）との関係、前者が後者を希求し、合一を求める心情が表現された。ズール・ヌーンは、イスラームの神秘主義に神智（ma'rifat グノーシス）を持ち込んだことで知られている。彼は伝説的な人物で、半ば神秘主義者、半ば錬金術師のような超能力を持っていたとされる。エジプトで流行していたヘルメス主義に通じており、汎神論的傾向を帯びていた。

すでに述べたように、禁欲主義的段階を経て神秘主義の段階に入ったこの時期においては、非常に情熱的に、恍惚状態の中で神との合一体験を表現するのが特徴である。例えば、ペルシア人のバスタミー（Abū Yazīd Bayazid Bistamī／八七五年没）は、神秘的な酩酊の状態にあって、自らの魂のうちに神が存在しており、「我に栄光あれ」と叫んだと言われている。後に、彼以上に有名になるハッラージュ（九二二年没）の先駆者である。こうしてバスタミーの時代から神との神秘的合一体験（ファナー）がスーフィズムの教義の中心的な位置を占めてゆく。ジュナイド（九一〇年没）によれば、スーフィズムとは、神が汝を汝自身から死なせ、彼（＝神）自身のうちに生きることである、と定義された。これがジュナイドにとってのファナーであって、神とともに生きるのが「継続（バカー）」である。人生は最愛の者との別離であり、この事実が人にこの上ない苦しみを与える。その結果、体験者は生き生きとした場、美しい光景を求めながら生き続ける。この世に存在するものは、神の創造したものであって、人間にとっての慰めである。このように生きる人にとって、不可思議で恍惚的な恵みの中で、神が自らの最も深い部分に触れているように感じる。これが真実を知った者、すなわち「聖人」の人生である。

ムハーシビー、ズール・ヌーン、バスタミーなどによって開発され、発展させられた「愛」の教義はさらに高邁な神智主義（イルファーン）へと発展させられる。その間、さまざまな理論家によって神秘主義は体系化され、また一定の水準に到達したと認められた「聖者」の評伝が記された。その結果、現在に至るまで、さまざまな書物が残されている。フジュウィーリー（al-Hujwīrī／一〇七二～七六年の間に没?）、カラーバーディー（Abū Bakr al-Kalābādhī／九九〇年または九九四年没?）などによる記録が代表的なものである。ただし、注意しなければならないのは、第7章、第8章で述べるように、このような理論化がはたして神秘主義そのものの「進化」あるいは「深化」であったのかは別問題だということである。もともと神との直接的、神秘的合一への希求そのものが、通常の理性や理知の働きの限界に対する、人間側の無能力への絶望感の裏返しであったと考えられるので、多くの「聖者」の告白や理論を鵜呑みにするのにも問題がある。ともあれ、この問題は後の章でさらに詳しく述べる予定である。

5 神智に至る階梯

例えばヨーガの修行には次の八則があるとされる。

（1）禁戒（yama）
（2）勧戒（niyama）
（3）座法（asama）
（4）調息（pranayama）
（5）制感（pratyahara）
（6）執持（dharana）
（7）静慮（dhyana）
（8）三昧（samadhi）

よく見ると、最初は外面的な規則を守ることから始まり、徐々に身体全体が意のままに統制下に置かれるように順序づけられている。このインドの宗教の体系においては、「階梯」としての順序が重要ではなく、それぞれの要素は同時進行的に実践される、とする見解もないわけではないが、一般に、肉体的な欲望は精神的な欲望の統御に比べて下位、あるいは克服する順序の前の方に位置づけられる。つまり、さまざまな宗教に共通する傾向として、修行の努力は、まず外部の、身体や行動上の要因に向けられる。そしてそれらが徐々に統制されるようになると、焦点は転じて深い神秘的体験の要素へと向けられるようになる。このように、インドのヨーガの場合は、修行の進展につれて、修行の内容は質的に変化を遂げることになる。これは基本的にイスラームの場合でも同じである。イスラームでは、さまざまな研究者がさまざまな文献に示された神智に至る階梯の事例を提示してきたが、今試みにアーベリー(A. J. Arberry)によって紹介されたクシャイリー(Al-Qushairi/一〇七二年没)の著作、『リサーラ』を例にとってみる。クシャイリーによれば、神秘の階梯は四五段階である。

(1)回心(tauba)
(2)神秘的生活を求める努力(mujahada)
(3)孤独な生活(俗な生活から退くこと)(khalwa wa 'uzla)
(4)神に対する畏怖(taqwā)
(5)節制(wara')
(6)放棄(zuhd)
(7)沈黙(samt)
(8)恐れ(khuf)
(9)希望(raja')
(10)悲しみ(huzm)
(11)空腹、飲食を拒否すること(ju', tark al-shahwā)

（12）謙譲（khushu, tawadu'）
（13）肉欲への抵抗（mukhālafat al-nafs wa dhikr' uyubihā）
（14）満足（qanā'a）
（15）神に対する信頼（tawakkol）
（16）感謝（shukr）
（17）堅固な信仰（yakīn）
（18）忍耐（sabr）
（19）絶えず神を覚えること（murāqaba）
（20）満足（ridā）
（21）下僕であること（‘ubdiya）
（22）願望（irāda）
（23）廉直（istiqāma）
（24）誠実（ikhlās）
（25）信頼に足ること（sidq）
（26）恥（haya'）
（27）許容力（hrriya）

(28)（神を）記憶すること（dhikr）
(29)戦士としての勇気（futuwwa）
(30)洞察力（firāsa）
(31)道徳性（khulūq）
(32)寛大さ（jud, Sakha）
(33)神に仕えるのに熱心なこと（ghaira）
(34)神に守られていること、聖人性（wilāya）
(35)祈り（du'ā）
(36)貧困（faqr）
(37)純粋さ（tasawwuf）
(38)洗錬された所作（adab）
(39)旅行（運動を続けること）（safar）
(40)友愛（suhba）
(41)唯一の神に対する信仰（tauhīd）
(42)高貴に死ぬこと（fanā）
(43)神智、グノーシス（ma'rifa）

(44) 愛 (muhabba)

(45) 常に神に好意を求めること (shauq)

この分類以外にも、はるかに少ない階梯を数えるものや、百もの階梯を認めるものなど、立場によってさまざまである。しかし、上述のとおり、基本的に神秘道を進む人々が、肉体的、物質的な誘惑の克服から始めて、ついには「神人合一体験」に至る順序に決定的な相違が生じることはないように思う。比較のためにライス (C. Rice) の用いた分類を見ると、(1) 悔恨、回心 (発心)、(2) 神に対する畏怖心、(3) 現世からの隔離、(4) 貧困、(5) 忍耐、(6) (神に対する) 信頼、(7) 満足となっている。その後、求道者は神との合一 (ファナー) に至ることになる。世界のさまざまな宗教について、同様の神智に至る階梯を比較検討することは、極めて興味をそそるテーマである。宗教にあっては、神秘的存在、超越的存在が不可欠の前提であるから、何らかの形で自らが究極の目標とする対象との一体化を果たすことが信者の目標となる。宗教によっては自力救済的要素が強調されることもあれば、神、あるいは絶対者からの一方的な「恩寵」が中心になる場合もある。いずれにしても、人間と「超越者」とのこの関係は、おそらくすべての宗教にとってなくてはならない根源的な要因であると思う。ただ、その現れ方がそれぞれの宗教で異なっているだけである。

神秘の階梯は単純な上昇運動ではない。求道者の「行」は永劫の過去において最愛の者から離れてしまった求愛者が、再び最愛の愛人に相見える運動である。私たちはルーミーの『マスナヴィー』冒頭のあまりにも有名な一節を即座に想起するだろう。

聞け、この葦の語るとき、別離を嘆く
　葦原から切り離されたことを、葦笛もて　男女は嘆く

葦笛の悲しい音色は、本来自分が属する場所（葦原）から切り離されたことに対する嘆きである。切り離された男女、そしてなによりも神から切り離された人間は、別離の苦しさに嘆くのである。その嘆きの声は葦笛の音のようにあまりにも哀愁に満ちたものである。そして、それは同時に根源への帰還の運動である。切り取られ、分離させられた根源に戻ろうとする運動であった。ただし、この運動は単純な直線的往復運動、ピストン的な運動ではなく、円運動として通常表現される。したがって、上で紹介したクシャイリーの階梯が意味するのは、いったん根源から切り離された人間が、もう一度本来属する根源へ戻る「再」上昇というより「帰還」の運動を表しているものと解釈されねばならないのである。

イスラームでは、人間が本来の姿を保つのは、神とともにいるときである、と考える。本書でたびたび述べる「自己を知る」とは、人間が自力によって自己の存在を理解することではない。そうでは

なく、人間は自らを創造した神とともにいて初めて人間であることができる、ということである。「自己を知らない」とは「神を知らない」と同義である。この問題はのちの章で述べるとして、スーフィズムの神人合一の教義が正統派神学の中に取り入れられていった過程について、ここで簡単に触れておく必要がある。

以上で述べた階梯は、いわば「旅」である。その旅は四つの旅程からなるとされる。つまり、

（1）被造物から真理（神）に至る旅
（2）真理（神）とともに真理（神）のうちにある旅
（3）真理（神）から被造物に至る旅
（4）被造物のうちにあって、真理（神）とともに歩む旅

である。

この旅程から知れるように、求道者は神との合一体験を経てから、いわゆる娑婆に戻って、神とともに通常の社会生活を行うことになる。

すでに指摘したように、当初スーフィズムの考えは、正統的なイスラームの立場から著しく逸脱するものと考えられていたが、少しずつ正統派の教義に抵触しない形で「体系化」「理論化」が進めら

れた。この理論化の過程で最もよく知られているのが、すでに述べたガッザーリーなのである。正統派の教義と抵触しないとは、具体的に言えば、イスラーム法（シャリーア）を遵守すること、少なくともこれに照らして疑問点がないことが重要であった。

つまり、イスラーム法はイスラーム思想のみならず、イスラーム教徒の生き方の最基底にある規範であり、イスラーム教徒の実生活における中心軸であったといっても過言ではない。イスラーム最初期の信者共同体において、神学ではなく、法学が行動を規定する約束事として定められたことは、イスラームの実践的性格を特徴づけるものであるとも言われる。こうして、ガッザーリーは、あくまで正統派法学、神学に抵触しない範囲で神秘主義の位置づけに腐心したのである（最終章、ナスルの見解を参照）。

その背景になっているのは、神を真に理解することは、単に知的に行うものではなく、悟得し確信に至ることである。これはすでに第1章で触れたように、「直接知（直観知）」に拠らねばならない。ただ、「見神」、あるいは「神との接見」をするにしても、人間が人間であるかぎり、一〇〇%完全にこの世との関係を断ち切ることは不可能である。つまり、完全なる肉体からの開放はこの世においてではなく、来世においてでなくてはならない。このように考えれば、現世での生活はあくまで来世に至る準備期間にすぎず、現世において神をより完全な形で知っていればいるほど、来世における神との関係はより完全なものであるに違いない。イスラームでは、「人は現世での生活と同じ状態で死に、死ぬ時と同じ状態で蘇生する」と言われているからである。この意味で、現世は肉体を通じて心を浄化するための修練の場である（『イスラーム革命の精神』、第6章参照）。こうして、現世は来世との関わりにおいて初めてその全貌が見えてくるのであって、両者を切り離すと、あるいは来世を認めない立場からは、人間存在そのものの意味が把握できないことになる。あらゆる宗教が現世と来世を認めるのは、単にこの世の苦しみを忘却するための手段ではない。来世の存在の確信、そこに至るための現世の意味づけ、そこで生きる、生きなくてはならない、否、生きるしか道のない人間存在の意味づけ、これが重要なのである（第5章で、人生の三大疑問、なぜ、どこに、どこへ、について述べる）。現代人の混乱は現世の意味づけが確信を持ってなされていない点にあることを考えれば、宗教の主張には十分な根拠があると言える。例えば、イスラーム教徒が日常的に行う礼拝の意味について、フォン・グルーネバウムは、ガッザーリーの理解に関して以下のように解釈している。

次に跪拝のために身を伏せるが、それは最大級の服従の証である。なぜなら体の中でもっとも大切なもの、すなわち頭を、最も取るに足りないもの、すなわち土につけるからである。……低いところに身を置くときは、あなたがたがそれを適切な場所に置いたのであり、枝を幹に戻したのであることを常に覚えているように。なぜなら、土であなた方は造られ、土に戻るからである。

強調されたのは「内的条件」――謙譲と服従する心――であった。清浄を保つことは、欲望から身を清らかに守ることと理解され、キブラの方向を向くことは王座に顔を向けること、すなわち神秘的で宗教的な瞑想に精神を集中すること、と理解された。

（『イスラームの祭り』）

このように理解された礼拝は、上で紹介したスーフィズムの説明といささかも齟齬がないように感じられる。ガッザーリーの努力によって、正統派の宗教学者から疑いの目で見られていたイスラームの神秘主義が、とにもかくにも一定の地位を獲得した点は重要である。

ただ、宗教の問題を宗教にとって究極の問題であり、存立の究極の根拠となる「内的条件」、宗教的良心の問題に至るまで徹頭徹尾考察した上で、ガッザーリーが正統派法学・神学との整合性を求めたのか、あるいはある程度の実際的な必要性から行ったのか、疑いが持たれている。つまり、彼の生涯は、有名な『告白』の中で述べるほど劇的であったのではなく、「回心」後も世俗権力との関係を維持した点を指摘する立場があるからである。ともあれ、ここでは、イスラームの神秘主義を正統派の枠内で受容できる体系を築いた人物として、これまで学界で受け入れられてきたガッザーリーの解釈の骨子を紹介するにとどめた。

6 スーフィズムの組織化——道場（ハーネカー）

禁欲主義者たちが自らの意志の力で俗世間から身を遠ざけながら神の道に従うことは、比較的容易であった。そのような人々は、世に蔓延るもろもろの悪事を憂い、これに対応するために人並み外れた強い意志を持っていたからである。繰り返すが、そのような人たちはイスラーム教徒の中でも少数派であり、神の道のエリートであった（第8章で詳述）。ただ、神秘道に従う人の数が増え、さらに体系化が行われるにつれて、修練の方法そのものが組織化されることになった。フジュウィーリーによれば、すでに一一世紀にいくつかの神秘主義のグループが存在していた。これが師弟関係に基づく恒久的な教団に組織されるのは、一二世紀後半であったとされる。教団の形成はイスラーム世界のほぼ全域に観察されるが、地域的に教団の性格は多様であった。その中でも、カーディリー教団（メソポタミア）、スフラワルディー教団（メソポタミア）、シャーディリー教団（北アフリカ）、メウレウィー教団（トルコ）などが特に有名である。

またアラブ世界や中央アジア世界と比較すれば、イランでは神秘主義教団の発展が顕著ではなかった。のちの時代となるが、十二イマーム派シーア主義が国教化された一六世紀以降、王朝によって教団に対する弾圧が加えられたという。ちなみに、このサファヴィー王朝（一五〇二～一七二二）自体、

神秘主義者の道場（ハーネカー）

サファーを開祖とする神秘主義教団を出身母体としていた。このグループは、カスピ海沿岸、アルデビールの出身で、トルコ系であった。その一方で、ペルシアでは、従来神秘思想、神秘主義文学の発展、受容が著しかった点を記憶する必要がある。本書の主人公、ハーフェズがこの傾向を受け継いだ人物であることは言うまでもない。いずれにせよ、引き続き一般的な教団の構成や修行について簡潔に述べたい。

神秘主義に基づき神の道を目指す者は、ハーネカー（khāneqā）と呼ばれる道場において修行を行った。そこでは師弟関係が決定的に重要であって、師と弟子の関係は「死体洗い人と死体」の関係に例えられるほど絶対的であったと言われる。師は、これまで述べてきた「悟得者」であって、この人物を通してのみ、弟子は師と同様の体験に至る道が示される。死体のように、すべては死体洗い人に任されているのである。死体に一切の自由はなかった。

メウレヴィー教団旋舞儀礼

イスラーム建築の内部

修行の場所においては、本章で述べたような神秘の階梯を経て神との合一体験に至るために厳しい「修行日課」が定められていた。先述のガッザーリーによれば、一日は昼が七つ、夜が五つと、十二の部分に分割され、それぞれの部分に行うべき行動の細目が定められていた。例えば、祈りや清め、食事、礼拝、ほかの人々に対する善行、昼寝、生活の糧を得る時間、コーランの読誦、ズィクル（神を記憶するために体を動かしながら行う「行」の一つ）、などについて、事細かに規定されていた。

C・ライスは、スーフィーの行の中で特にズィクルとサマー（文字どおりには「聞くこと」を意味する）の意義を強調している。その理由は、例えば後者について、すべてのペルシア語の（神秘的な）詩は基本的に朗唱されることが意図されており、独特の歌い方があった、という。そこには音楽的な聴覚的要素が必然的に重要な役割を果たしていた。この点で最もよく知られているのは、おそらくルーミーのメウレウィー教団であろう。この教団は、有名な「踊るダルヴィシュ」で知られており、スーフィーたちは神との融合を求めて、何時間もの間旋回を行う。踊り手の両手は天と地を指しており、両界の融合を表している。楽器としては特に葦笛（ネイ）が重要で、それに太鼓などを伴う。本書で取り上げるハーフェズの詩についても、楽器の伴奏は不可欠の要素であった。厳格なイスラームの教義に従えば、楽器の演奏は禁じられている。しかし、余談になるが、現在ハーフェズの詩はさまざまな楽器を伴って、歌唱されることが多い。シャジャリアーン父子やムハンマド・レザー・ロトフィー、サーラール・アキーリーなど、著名な音楽家がハーフェズの神秘詩を音楽に合わせて時に美しく、時に悲しく歌い、人気を博している。第5～7章において、現在も人気のある特に有名な詩をいくつか紹介している。

イランの伝統的な音楽を聴くと、複雑な音階を駆使した曲はあまりないことがわかる。ほとんどす

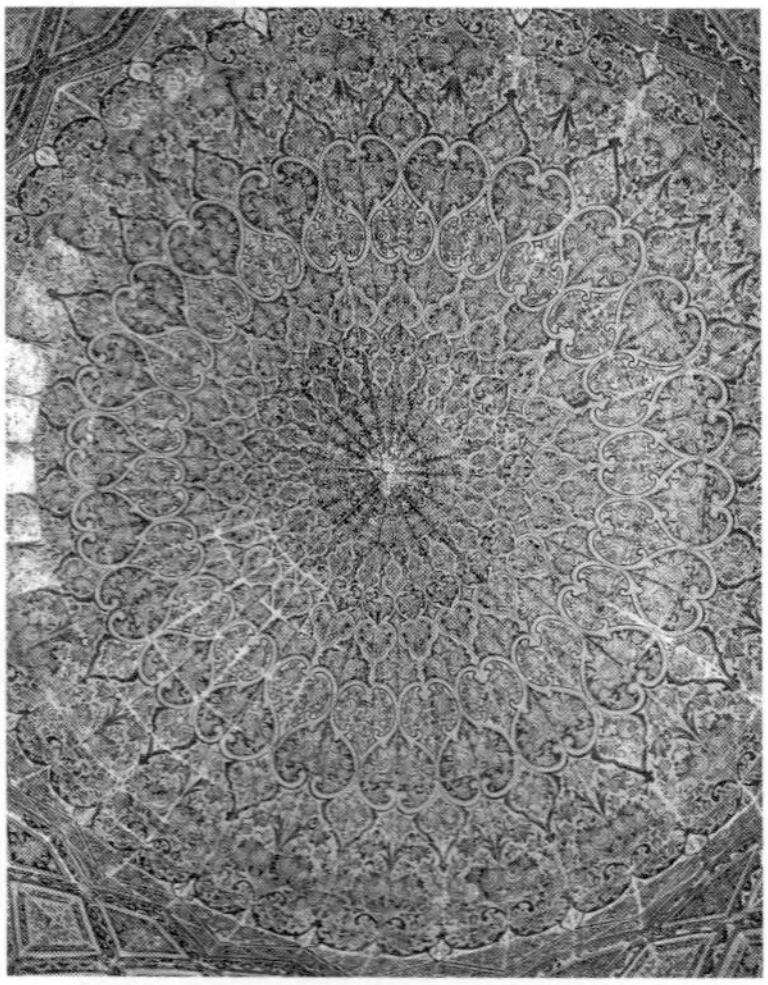
イスラーム建築の幾何学文様

べての曲は、単調な旋律の繰り返しであって、いわば左右対称的に、または旋回するように同じ形をとる。相互に依存し合うさまざまな間隔をおいてつながっている。同じことが中東イスラーム世界のバーザールの構造について言われる。個々の同様の部分はイーワーン（入口部分のポーチ）でつながる幾何学的な構造をとって、相互につながっているのである。一説によると、これは人間本来のリズムを表しており、神秘的な音楽を聴き、それに埋没する人は、現実世界の牢獄、つまり不自然なリズムの中で生きる状況から解放される効果があるとされる。もちろん、作曲家の創造性や歌手の力量などでアドリブが加えられることはあるのだろうが、全体として旋律そのものが単純なので、いったん歌詞を覚えてしまうと、歌うことは割合簡単である。いずれにしても、このような形でイラン人の間でハーフェズやその他の詩人の歌が広範囲に歌われているのは興味深い。

　こうして、神秘主義の道場で修行した人は、一定の修行を経たあとで再び「娑婆」に戻り、これまでどおりパン屋や野菜売などの仕事に復帰するのが普通であるとされる。なぜなら、イスラームでは原則「出家」を認めないからである。人間は人間の社会の中でともに信者共同体の一員として生活することが義務づけられているからである。ただ、「娑婆」に戻ったこの人たちが、すべて真の悟得者(アーレフ)であるのか、この点は不明である。

第3章　スーフィズムの教義と用語

イスラームの神秘主義の歴史と教義の体系化、さらに教団の組織化の話に引き続き、本章では、これまでの説明以上に神秘主義の内容についてやや突っ込んだ説明を行う。この作業は以下の章をより理解しやすくするための準備として必要である。つまり、神秘主義独特の用語、さらに神秘主義の詩において用いられる特殊なメタファーの解説である。では、まず神秘主義に進む人が獲得しようとする目標、すなわち神智（イルファーン）について。

7 神智（イルファーン）

スーフィズムの合理的な体系化は、神智論（イルム・アル・イルファーン ilm al-'irfān、神智の知識）の形でまとめられていく。この分野で不朽の業績を残した人物がイブン・アラビー（Muhyā al-Dīn Ibn 'Arabī／一一六五〜一二四〇）である。この人物はアラブで最大の神秘主義者と言われ、後代の神秘主義思想に与えた影響は計り知れないとされる。スペイン南部のムルシア（Murcia）でよく知られたアラブ種族、タイ（Tai）族に生まれ、伝承学や法学をセヴィリア（Seville）、セウタ（Ceuta）で学んでから、一一九四年、チュニスに移住した。八年後東方へ移動し、しばらくメッカに居住した。その後、イラク、小アジア、シリアなどを遍歴し、一二四〇年、ダマスカスで没した。多作で知られ、すべてが大作というわけではないが、四〇〇〜五〇〇の作品があったと言われている。その作品は難解で、容易に理解できるものではないとはいえ、イスラームに関する該博な知識を正統派スンナ派の書物や教えに合致するものとして、さらにスーフィズムの教えと実践に合致するものとして体系づけた。「古典的な」体験中心あるいは倫理的な神秘主義に思弁的哲学を持ち込んだとされるのである。

余談ではあるが、この点に関して筆者がしばしば悩まされるのは、真の体験者（悟得者）にとって自らの体験を他人に説明したり、体系づける作業は必ずしも必須の義務ではないのではないか、という疑いである。というのは、心から神を愛する求愛者が、自分以外の人の救済に注意する余力があるのかと疑問に思うからである。真に「境地」に達した人は、言葉を用いた説明によらなくても、自然のオーラのようなものを発するものなのではないか。なぜなら、言葉を用いた説明、著述、説教など、人間の思弁、理性の働きに依拠して自身の体験を解説することは、結局、神智の体得と決定的な矛盾・齟齬を生じてしまうように感じるからである。

真の「悟得者」は多くを語らない。その必要がないからである。誤解のないように付言すれば、これは決して利己的な自己のみの救済を問題にしているのではなく、その逆である。他人に自己の救済体験を伝える行為は、むしろ悟得者にとって危険な誘惑であって、真に愛するもの（神）を二の次にしてしまう危険性があるからである。

この意味で、イブン・アラビーの記述そのものをどのように取り扱うかは簡単ではないと思う。内容の難解さばかりでなく、第1章で述べたように、さらに第7章で述べるように、人間の理知の働き、そしてその理知を表現する言語そのものの機能には限りがあることを考えたとき、彼のような神秘主義の体系者の行為には明らかに矛盾があるからである。ただ、例えば、『叡智の刃、fusūs al-hikma』のアブラハムの章で述べられているように、イブン・アラビーはその著述の対象を宗教的なエリートに絞っている。このように対象を絞れば、神智に至る理論的部分を理性的に解説することには意味がある。つまり、元々、大多数の人々にとって「高尚な」理論的説明など大した意味はないのだから、分かる人だけが頭でわかるところまで理知の力を頼りに進めば良いのであって、それ以後は神に任せればよいことになる。この問題については、第8章でさらに踏み込んで考えてみたい。

アーベリー(A.J. Arberry)によれば、イブン・アラビーの思想の要点は以下のとおりである。

(1)神は絶対的な存在であり、すべての存在の唯一の源泉である。神においてのみ、実在と存在は一つであり、分離することはできない。

(2)宇宙は実際であれ、潜在的であれ、相対的な存在を有する。それは永遠に存在するものと、一時的に存在するものの双方である。永遠の存在は神の知識のうちにある存在であり、一時的な存在は神の外部にある存在である。

(3)神は超越的であり、同時に偏在的である。超越と偏在は、人が知るように、真実(神)の二つの相である。「真実(haqq)」については超越が主張されるが、それは創造(khalq)と同じである。そして、創造については、偏在する(汎神論的に)と主張される。しかしながら、(論理的には)創造者は被造物から区別される。

(4)存在は神とは別に、神の意思によって存在し、そのように存在する事物にふさわしい法則に従って行動する。神の代理人は神の名であり、あるいは宇宙的概念である。

(5)存在する前から、現象界の事物は定まった原型(a'yan thābita)として神の意思において明らかであり、神の本質、意識と同一であった。

（6）神と一つになるという意味で神との合一はない。だが、神秘主義者が神と一つである場合、すでに存在する事実を悟得することである。

（7）創造的で生き生きとした、そして理にかなった宇宙、あるいは第一知性の原理は、ムハンマドの真理（al-Haqīqat al-Muhammadīya）であって、真理の真理（Haqīqat al-haqā'iq）とも言われる。この原則はその十全なる現れを完全なる人間（al-Insān al-Kāmil）のうちに見出す。

（8）それぞれの預言者は、神のロゴスである。そのロゴスはムハンマドであって、預言者の位階における「長」である。これらすべての個々のロゴスは、ムハンマドの真理と結びついている。

（9）完全なる人間とは、真理（＝神）のミニチュアである。彼は小宇宙であって、彼のうちにあらゆる大宇宙の属性が反映している。ちょうどムハンマドの真理が宇宙の創造的原理であったように、完全なる人間は、宇宙の原因であり、神が知られたいと望むことの現れである。なぜなら、完全なる人間だけが神を愛し、神に愛されるからである。人間のためにだけ、世界が作られたのである。

多くの研究者が指摘するように、イブン・アラビーは、神智学（イルファーン）を体系づけた最初の最大の人物であった。その教義は「存在一性論（vahdat al-vujūd）」と言われ、イルファーンの基盤をなしている、とされる。上記アーベリーの要約をモタッハリーの解説と重ね合わせてみよう。それによって、「存在一性論」の意味内容がさらに明らかになるだろう。

モタッハリーによれば、イスラームにおいて神に至る道（神秘道、スーフィズム）は、通常、二つの角度から考察される。一つは世界観から眺めた面（irfān-e nazari）、他は実践的側面（ʻirfān-e ʻamali）である。後者は、すでに上で述べた神秘道を進む求道者たちが進む実践的修行に関わるものである。修行の道も唯一の神にたどり着くための手段であるから、結局、神の「存在一性」、つまりすべては神に至るという事実の確認とつながる。では、イルファーンの世界観とは何か。

（1）その世界観の基本は存在一性論（vahdat al-vojūd）である。神智を体得した人（アーレフ）は、人間が物事をほかの何物かと比較して知識を得るというレベルではなく、いかなる被造物とも比較できない神の偉大さを見て（知って）、神の「存在」のみを「存在」として体得する。

（2）神の存在にはいくつもの相がある。世界の存在は、唯一の神の顕現（tajalli）として現れる。神は自らを明らかにするために創造行為を行った。

（3）世界には完璧な公正、美、均衡が存在する。

（4）被造物は、真理（＝神）のもとに戻る。人間の起源は神である。神の元から離散した人間は、最終的に神のもとに戻ることを希求する。
（5）世界には終わりがあり、復活がある。
（6）人間は大世界（ʿālam-e kabīr）であり、世界は小世界（ʿālam-e saghīr）である。
（7）哲学者は理性によって完璧性に到達できると考え、人間の本性は理性であるとするが、神智の悟得者（アーレフ）は、人間の完璧性が彼の理性の完璧性にあるとは考えない。人間は完全な存在に向かって、それに到達するまで旅を続ける。哲学者は理性や推論の助けに依存するが、アーレフは努力、勤勉、禁欲、魂の浄化、愛、行為の援助を必要とする。その際、特に愛の意味が重要なのである。

以上がモタッハリーのイブン・アラビー理解である。

人間（の心）が「大世界（大人間）」、通常の世界が「小世界（小人間）」であることについては、アーベリーの説明（9）と若干相違が見られる。「大世界」「小世界」については、拙著『イスラーム革命の精神』（京都大学学術出版会、二〇一一）第6章、「自己を知ること——イスラーム的「完全な人間」」で少し述べた。そこでは、イスラーム的倫理の根源的なところに「自己を知る」ことへの要請があることを明らかにした。もちろん、私たちが住むこの世界において神は顕在するのであるが、個々の人間、真剣に神を求める人間の中にこそ神は常に存在する。この事実を知ることが人生の最大の目的であるにもかかわらず、人間は通常自己でない自分を自己であるかのように生きている。本書の第7章で詳しく紹介・検討するように、ハーフェズの詩の中で最もよく知られ、最高傑作の一つに数えられる作品の中で、詩人が

長い年月《としつき》　心はジャムシードの酒盃を　自身に求めてきました
しかも、自ら持っていたものを　他の人に求めてきました
…………
哀れな者は　いつも神がそばにいてくださるのに
神を見ないで　遠くから「神よ」と呼ぶだけです

と歌うのは、人間（の心）が「大世界（大人間）」または、「大宇宙の属性の反映」である事実と関わっているように思う。求めるべきは自己の内面であって、それを極めることによって真理（＝神）を知ることができるというメッセージである。

8 神智論の用語

次に、スーフィズムを理解する上で最も基本になる用語について触れておきたい。すでに触れたズィクル（dhikr 誦唱によって絶えず神を想起する行）やサマー（samā' コーランの聖句に全身全霊を傾けて聞き入る行）も重要であるが、ここで触れたいのは修練そのものに関わる用語というよりは、神智を理解する際に必須の特殊な用語である。アラビア語起源の見慣れない、聞き慣れない言葉なので、読者には骨が折れるかもしれない。しかし、これらの用語の意味を簡単であっても知っておくことは、次節の神秘的メタファー同様、イスラーム神秘主義の意味がわかりやすくなるし、ハーフェズの詩に親しむ上でも大変便利である。ここで紹介するのは、「ワクト」、「ハール、マカーム」、「ガイバト、ホズール」、「ズーク、シャルブ、ライ、ソクル」、「マフヴ、モフク、サフヴ」、「カルブ、ルーフ、サル」、などである。これらの用語はそのすべてが後で扱うハーフェズの詩の中でそのままの形で頻繁に現れるわけではないが、それぞれの語には秘義が認められるので、彼の詩を学ぶ前にあらかじめ知っておくことが必要なのである。神智（イルファーン）の内容は、第5～7章で具体的に紹介するハーフェズの詩で明らかなように、非常に難解である。というのも、イルファーンの知識はもともと通常の理性的・合理的知識とは性質そのものが異なるため、用いられた言葉は言外の秘義（バーテン、

bāten）を持っているからである。それはまだ十分に理解できない新参者や外部の者に容易に納得できないようにするための措置であった、とも言われる。これらの理由によって、用語の難解さは必然であったというのである。ともあれ、神智に至る過程を示すのに用いられる代表的な用語を以下で簡潔に説明したい。まず、ワクトから。

（1）ワクト（時間、瞬間）

ワクトの文字どおりの意味は、「時、時間」である。一説によると、ワクトを理解するということは、ある種の相関する、付加的な特別な「もの」を体感することである。ワクトの訪れは、悟得者であるための必須の条件である。その瞬間が悟得者（アーレフ）に生じるとき、いつでも彼は何らかの特別な行為を起こさねばならない。その特別な行動を起こすとき、その瞬間を「アーレフのワクト」というのである。したがって、アーレフごとにワクトは異なっている。この意味で、アーレフはワクトを知っている人であるとも言える。未知の領域から彼に訪れるワクトによって、彼は何を行うことが必要であるか、また何が自分にとって義務であるか、を知らねばならない。アーレフは「ワクトの子」とも言われるゆえんである。これは、偉大な神秘詩人ルーミーが、「おお、友よ、スーフィーはイブヌル・ワクト（ワクトの子）である」と言ったことにちなんでいる。

ワクトはダム（瞬間）、アイシェ・ナクド（瞬間の喜び）、ダメ・カニーマト・ショモルダン（儲けを数える瞬間）などとも言われる。まことに誤解を招きやすい表現が使われているが、特に最後の表現はそうである。これによって、神秘主義が現世的、快楽的、刹那的に解釈される原因となった。第9章で述べる、イラン人研究家、アラステは、同様の内容を表す別の用語、アーンを用いて、神秘主義者が到達する究極の瞬間を説明している。

ハーフェズは瞬間を表すこの語を多くの詩の中で用いているが、例えば、次のように述べている。

もし心が時の力を知らず、何もしないとすれば
時がもたらすものに対して　非常に恥ずかしいと思う

この引用は詩全体の一部分であるが、ここで用いられた「時」は、ワクトとアウカート（ワクトの複数形）である。悟得者にとって、彼にその瞬間が来たことに気づかないことは実に恥ずかしいことなのである。

(2) ハールとマカーム

この二つの語は、（1）で述べた「瞬間」に体験される特殊な精神の状態を指す。ハールは神智を獲得した者（アーレフ）の意思や規律とは無関係に、彼に訪れるものである。これに対して、マカー

ムは、アーレフが学習し、獲得し身につけるものである。また、ハールはすぐに過ぎ去り消えてしまうが、マカームはとどまる性質を持っている。ハールは雷の光にしばしば例えられ、「光、lāmiʿyah, 複数形 lavāmeʿ」などと呼ばれた。前章で学んだ神秘主義者が踏み進む階梯（マンゼルという）はマカームであって、いったんある階梯に到達したスーフィーは、もはや前にあった階梯に戻ることはない、という考えは、後の章で「悟得者」について考察する際に重大な意味を持っていることがわかるだろう。体験した人は、これまでとは全く違う人に「変身」してしまうのだろうか。もしそうなら、それはどのような意味を持つのか。到達した人、回心した人が、一瞬の異常な体験をすることは、W・ジェームズの『宗教経験の諸相』で数多くの事例が紹介されている。はたして、回心者がどの程度その状態を維持できるのか、いわゆる通常の回心体験はハールの体験なのだろうか。「瞬間（ダム、前項を参照）は現れ、また瞬間（ダム）は隠れる（ペルシアの詩人、サーディーの言葉）」と言われている。とすれば、体験者は、繰り返し体験をするのであろうか。

(3) ガイバト、ホズール

ガイバトとは、アーレフ（悟得者）に時々起こる体験で、周囲のものが全くわからなくなってしまう状態のことである。この状態に入ると、自分自身も周囲のものもわからなくなってしまう。彼の存在そのもの（ホズール）は存在者とともにあるので、自身についてわからなくなってしまうのである。

この状態に入ってしまうと、周囲の状況には一切注意が払われない。次の有名な話が伝わっている。ある町で一人の鍛冶屋が仕事に励んでいた。その時誰かがコーランの一節を朗唱した。これが鍛冶屋の心を支配したので、彼は無我（ガイバト）の境地に入ってしまった。あまりにも我を忘れた状態にあったので、彼は素手で溶けた鉄を炉から取り出そうとした。鍛冶屋の徒弟たちは、「何をなさっているのですか」と大声で叫んだので、彼はわれに返った。このことがあってから、彼は鍛冶屋の仕事をやめてしまったという。

（4）ズーク、シャルブ、ライ、ソクル

ガイバト以上の境地は、この四つの言葉で表現される。いずれも何かを「味わう」という意味である。アーレフ（悟得者）は物事に対して執着することはないので、執着は一段下位のものとみなされる。イマーム・アリーはこの事情を説明するのに、「不能＝ʾenīn」という言葉を用いて説明したという。「不能」とは性的な欲望を持たないことであり、それは快楽を味わわないことである。下位の執着する対象についていくらその楽しみをその人に説明しても、もはや「不能」な彼にそれを理解しようとする熱意が生じることはない。これに対してズークとは快楽を味わうことであるが、アーレフの「味わう」とは、神的なものの現れ（顕現、tajalliyāt）から得た快楽を味わうことである。これが第一で、次にシャルブとは「飲む」ことである。飲むに関しては、第6章で酒と恋に関するハーフェズの

詩をいくつか紹介する。神秘主義の詩において、神の現れの体験は、葡萄酒を飲むこととの連想で表現されることが多かった。快楽の最高潮がソクルである。そして、ライとは満たされた状態である。このように神秘主義の詩において、神の直接的顕現、神との合一体験は、極めて官能的に表現されることが多く、したがって多くの誤解（というより、そのように解釈するのは普通の人には自然である）、あるいは異なった解釈がなされることになった。

(5) マフヴ、モヘク、サフヴ

神智に到達した人々の間では、マフヴやサフヴという言葉がしばしば用いられる。消滅という意味である。この言葉が意味するのは、アーレフ（悟得者）たちは真理（＝神）の本質の中に入り込んでいるため、自分が空の状態であるような境地に到達しているので、その時「私」性は神のうちに埋没してしまっている。したがって、彼は普通の人のように、「私」を意識することがないのである。この境地に入った状態については、前節で解説したとおりである。「埋没」した状態が「私」の痕跡をなくしてしまったとき、モヘクと呼ばれる。マフヴもモヘクも、ともに本節（3）項で述べたガイバトよりも高次の状態であるとされる。マフヴとモヘクはファナーのことである。つまり、完全なる神人合一体験の境地である（前章、神秘主義の階梯四二を参照）。アーレフはこの没我（自己に死んだ状態）から通常の状態（娑婆）に復帰することが可能であると言われるが、これはある階梯から下位の階梯への下降を意味するのではなく、最高位の状態を保ったまま、神とともに生活することなのである。この点は、先に神秘の旅程（42ページ）で述べたとおりである。

(6) ガルブ、ルーフ、サル

最後に、アーレフたちが用いる「心理学的な」用語について触れておこう。ガルブ、ルーフ、そしてサルの語は、人間がまだ欲望にとらわれている状態の「自己」を表すナフスと対照的に用いられる。自己（ナフス）については、前著『イスラーム革命の精神』第6章でやや詳しく述べたので、参照されたい。神智が固定された状態でとどまるようになったとき、ガルブ（心）と呼ばれる。さらに、神への愛がアーレフの中に沸き上がってくるとき、ルーフ（魂）という。そして、最終的に神の顕現を直観した時（shahūd）の状態に達する。これ以上の状態がさらに上位にあって、それはハフィー（khafī）あるいはエフフィー（ekhfī）といい、ともに「隠された」を意味する。

少しややこしい神秘主義の秘義的用語について触れた。一般の読者にはやや辛い説明であったかもしれない。ただ、さまざまな宗教の神秘主義的側面に関心を持つ人にとっては、それぞれの宗教文化の中での意味づけ、位置づけを比較するとき、参考になればとあえて簡潔な解説を行った。

9 スーフィズムとペルシア（イラン）——神秘詩のメタファー

これまで述べたイスラーム神秘主義は、ペルシア、すなわち現在のイランで特異な発展を遂げた。本書で扱うハーフェズがイラン人の詩人であることは、これまでたびたび触れたとおりである。イラン人は独特の感性と文化的伝統を持っており、特に詩的表現力の巧みさは、他のいかなる民族の追随をも許さない。特に、第5～7章で詳しく解説するハーフェズの詩には常識的なイスラーム的価値に照らして、とうてい理解できない表現が多々見られる。さまざまなメタファーが用いられた理由は、第1章で一般的な意味を示したように、詩人の側にはっきりした理由があったためである。決して単なる偶然ではない。イスラームの規範を逸脱するかに見えるさまざまな表現は、結局、通常の感覚世界、平凡な日常性とは異なる次元の真理を表すための不可避的な手段であった。というより、神秘的体験を経た詩人の心の深奥から吐露される呻きであったのかもしれない。第2～3章ではスーフィズムの解説をさまざまな角度から行ってきたが、その最後に、ハーフェズの詩の中で用いられる代表的な比喩的表現についてあらかじめ学んでおきたい。

（1）顔、頬（rokh）　神の全能の中でも美の表れを表す。優雅さ、生命を与えること、導き、光などを表す。

それは現れ　あなたの顔を見たが　天使に愛はない
本質はこの熱意によって炎となり　アダム（人間）を打った

あなたの美しい顔は　私たちに恵みの徴を明らかにする
その時から　私たちの解き明かしには　めぐみと良いことしかない

（2）髪、巻毛（zolf）神の全能の中で偉大さを表す。保持する者、維持する者、全能者、死を与えるもの、など。（1）同様、事例は大変多い。

私が「あなたの髪の香りは　私の世界を狂わせる」
彼女は「ご存じかしら　それはあなたの道案内にもなることを」

（3）黒子（khāl）隠された（神との）真の合一点を表す。従って黒色である。

もしシーラーズの美しい娘が　私の心を受け入れてくれるなら
彼女のインドの黒子に対して　サマルカンドもブハーラーも　捧げましょう
酌人よ　残りの酒をください　天国でもあなたは
ルクナーバードの岸とムサッラーの庭園を　手に入れることはないでしょう

（4）産毛（khatt）　霊的な意味における真実の表れを表現する。（一四）

おお、あなたの巻毛の鎖の中　それほどに人の場所を知る人よ
不思議な色の顔の上の黒子は　こころよい
あなたの月のような色と顔に　酒が映っています
不思議な糸藁黄水仙の花の面に咲く　はなずおうの花のように
あなたの顔の周りの　あの（黒い）蟻のような産毛は　実に不思議です
絵を見る場所でなら　不思議ではないといっても

（5）目（chashm, nazar）　神が下僕たち（信者たち）を眺め、彼らの能力を見極めること。目とは「酩酊」を表し、神にとって人間は必要ではないことを示すとされる。

昨晩　自らの問題を　酒場の老人のところへ持っていった
彼は叡知の（目）の力で　謎を解き明かす

（6）眉（abrū）　神の本質を隠す「覆い」を意味する。（三三四）

汚れた祈りは　私の祈りではありませんから
酒場では　私の熱意と溶ける思いは　それによって　なくなりません
礼拝所や酒場で　あなたのことを考えるなら
あなたの二つの眉で　壁龕（メフラーブ）とキャマーンチェ（楽器）を作ります

（7）唇（lab）　神の生命を与える本質を表し、人間を活かすことを表す。

あなたの唇と歯は塩の特権を持っています
焼け焦がれた命（心）と胸に対して

（8）酒、ワイン（sharāb, bādeh, mei）　真に愛されるもの（神）の顕現による神秘的体験、エクスタシーを表す。また、理性の働きの破壊を示す。したがって、酩酊者（mastan）とは、神を愛する者の意味である。彼は神との合一体験を経て、神的真理を体得したのであって、もはや現実世界の栄枯盛衰を重要視しなくなる。事例はきわめて多い。

楽師はどこにいるのですか　禁欲と知識の全てを
琴とリュートと葦笛の音に捧げましょう
学問所のいざこざには　もううんざりです
しばらく　また　恋人（ma'shūq）と酒（mei）に身を捧げましょう

酒樽に腰を据えたプラトンの他に
叡知の秘密を　誰が私たちに語るだろうか

（9）酒運び、酌人（saqī）　人々に酒を飲ませるのが酒運びの仕事であることから、神秘道の初心者を真理へとみちびく導師を意味する。また、現実を意味し、そこでは現実があらゆる形で姿を現す。この語もきわめて事例は多い。

酌人よ、残りの酒をください　天国でもあなたは
ルクナーバードの岸とムサッラーの庭園を　手に入れることはないでしょう

（10）酒場（mei-khāneh）　神秘主義者の心を意味する。それは愛が住まう場所であって、その愛は旅人（求道者）の心へと拡大してゆく。（（6）を参照）（一三一）

彼女の果てしない美しさが　恋人を狂死させるとき
他の者たちが　愛に向かって　目に見えないところから　現れます
天使よ　愛の酒場の戸口で　祈りを捧げなさい
その場所で　人（ādam）の性質が造られます

（11）海（bahr, dariyā）　神の本質の表れ。可視界、非可視界のすべては、存在と神の愛の容器のようなものである。それはすべてを受け入れることができる神の盃である。（二九七）

今　どうしましょうか　渦巻きによる嘆きの海の中へ
私の忍耐の小舟は　別離の帆によって　落ちてしまったのです

恋人になったとき　言いました　目的の真珠を持ってきた　と
知りませんでした　この海が　それほどに血のほとばしる　波であることを

ハーフェズが詩を作るとき、これらの用語と同時にイスラーム以前の古代イラン的イメージ、表象を用いたことはよく知られている。例えば、ゾロアスター教の老人（pīr-e maghān）、ジャムシードの盃（jām-e jam）などである。これはイスラーム神秘主義とイスラーム到来以前の古代イラン的要素の混在を示している。イランのイスラーム（十二イマーム派シーア主義）ではしばしば見られる現象である。イスラームとイランの関わりについては、本シリーズに収められている『シーア派イスラーム——神話と歴史』を参照されたい。

以上で示したメタファーはきわめて重要で、ハーフェズの詩の中で頻繁に現れることは繰り返し指摘したとおりである。ただここで注意を要するのは、比喩（メタファー）とは単なる現実世界において存在するものとの類似に基づく類推ではないということである。よく仏教などで比喩的な講話がなされるが、イスラームの神秘主義でも同様の類推に基づくたとえが用いられることがある。しかし、今紹介しているハーフェズの手法は、現実世界との類似に基づく類推ではなく、第1章で述べたような厳密な意味で特殊な体験をした神秘主義者の苦肉の策としての表象的な表現である。したがって、このような言語は読み手が到達した神智の段階に応じて多様な解釈が可能となる。例えば、「太陽」を現実の太陽との類推で捉えているかぎり、すなわち各人の「太陽」があくまでその人の「純粋経験」的な「太陽」であるかぎり、永久に詩人の真意を体得できないのだろうと思う。言葉の力はここまでなのだろう。筆者には残念ながら、断言できない。以上を踏まえ、本書では人間の理性の働きに疑問を感じ始めた現代人の問題を考察する上で、きわめて興味深い表象表現の事例を提供してくれると思われるハーフェズの詩をいくつか紹介し、簡単なコメントを加えたいと思う。ただ、その前に、ハーフェズの人となり、さらに彼の時代について触れなくてはならない。

第4章 ハーフェズの生涯とその時代

著名なペルシアの詩人、ハーフェズは本名をシャムスッディーン・ムハンマド（Shams al-Dīn Muhammad）という。現イラン・イスラーム共和国シーラーズの町で生まれた。この町を愛し、生涯そこを離れることがなかったと言われる。しかし、この人物の経歴に関して明確なことはあまりわかっていない。というより、ほとんどわからない、といったほうが正しいだろう。彼の没後、詩集が編纂され、伝記も書かれたが、それらが情報の基本とする詩の中で歌われた詩人自身の経歴に関する叙述は、あまり信憑性がない。したがって、彼の伝記作者や研究者たちは、想像力を働かせて、自分好みのハーフェズ像を作り上げてきた。その手法とは、彼の詩集に見られる叙述を多かれ少なかれ歴史的事実の反映であるとみなして、彼の生涯を描き出すやり方である。このようなやり方では、正確な

ムサッラーの庭園

詩人の生涯の跡を辿ることはとうていできない。例えば、この手法の特徴を説明するのに最もふさわしい例として、ハーフェズとチムールの出会いの話がある。モンゴル軍の中東地域侵略の後、およそ一世紀と半ばを経て同地域を席巻したあのチムール（Tīmūr または Temür／一三七〇〜一四〇五）である。チムールは中東地域に侵入し、一三八七年、シーラーズは陥落した。その時、この侵略者はハーフェズと面会し、次のあまねく知られた詩について不平を述べたという。

もし　シーラーズの美しい娘が　私の心を受け入れて
くれるなら
彼女のインドの黒子に対して　サマルカンドとブハーラーを捧げましょう
酌人よ　残りの酒をください　天国でもあなたは
ルクナーバードの岸とムサッラーの庭園を　手に入れることはないでしょう

チムールが気に入らなかったのは、中央アジアにあるサマルカンドとブハーラーは、自分が生まれ育った何物にも代え難く、思い入れの強い地であるにもかかわらず、こともあろうに、詩人が自分の恋の成就の代償として美女の黒子と交換に捧げてしまう、と歌った点である。これに対して、ハーフェズは「自分のこれほどの気前よさによって、今こうして落ちぶれているのでございます」と答えたという。話としては面白いが、ほとんど信憑性がない。確かに、年代的には詩人の没年に近く、両者の面会は全く不可能というわけではないが、この事件はなかったというのが通説である。この事例が如実に示すように、ハーフェズの生涯を彼自身の詩に基づいて構築しようとする作業は、あまり実りが多いとは思えない。

ちなみに、上の詩の中にあるルクナーバードとムサッラーは、ともにシーラーズの町の北部に位置する名勝地である。特にムサッラーは、

ハーフェズ廟

ハーフェズが埋葬されたとされる場所で、現在「ハーフェズィエ」と呼ばれる彼の廟がある。この美しい庭園のほぼ中央部分の小高い場所に詩人の墓がある（本書表紙参照）。この場所はシーラーズの人々の憩いの場所であって、連日開門と同時に多くの人々が訪れる。二〇一二年にも筆者はこの廟の近くで二週間ほど滞在した。その間、ほぼ毎日廟を訪れたが、夕暮れになっても人が途絶えることはなかった。それどころか、夏期であったため、夜遅くまで照明が灯され、シーラーズの人たちは詩人のそばで楽しい憩いの時を過ごすのである。廟内では、絶えることなく詩人の詩が流されている。入口周辺には、有名な鳥占いの人たちが数名立っていて、客を待つ。これは「ハーフェズ占い」のためで、紙箱に入ったたくさんのカードを鳥（セキセイインコ）に選ばせて、運命を占うというものである。ハーフェズの詩は人間存在の多様な問題を扱っているので、それに対処するヒントを与えてくれるのである。この占いはイラン人の間で大変人気がある。

筆者は興味本位で「ハーフェズ」占いを何回かやってもらったことがある。五〇円くらいのお金を払って、ハーフェズの言葉が書かれたカードをもらうのである。セキセイインコがカードを選ぶことになっているのだが、実際は、鳥が選ぶというより、おやじさんが鳥の嘴を使ってカードを引っ掛けて選んでいる。本当に鳥が選んでいることはあまりないように見えた。ともあれ、筆者がもらったカードの一枚には次のように書いてあった。

あなたの体に医者の治療が必要でありませんように
あなたのか弱き存在が苦しむことがありませんように

占いをしたあなたに、

あなたが体調がよくない気持ちを持つようになってしばらくになります。あなたはこのことを心配しています。あなたの心配は無用です。なぜなら、あなたの病の癒やしは、あなた自身の力強い手の中に隠されているからです。医者や薬を処方する必要はありません。健康の快活さや喜びをお持ちなさい。無益な他人の嘲りの言葉を聞いてはいけません。なぜなら、あなたも知っているように、あなたを愛してくれる他の人の人生は、あなたの健康と結びついているからです。だから、自分自身の（健康の）こと

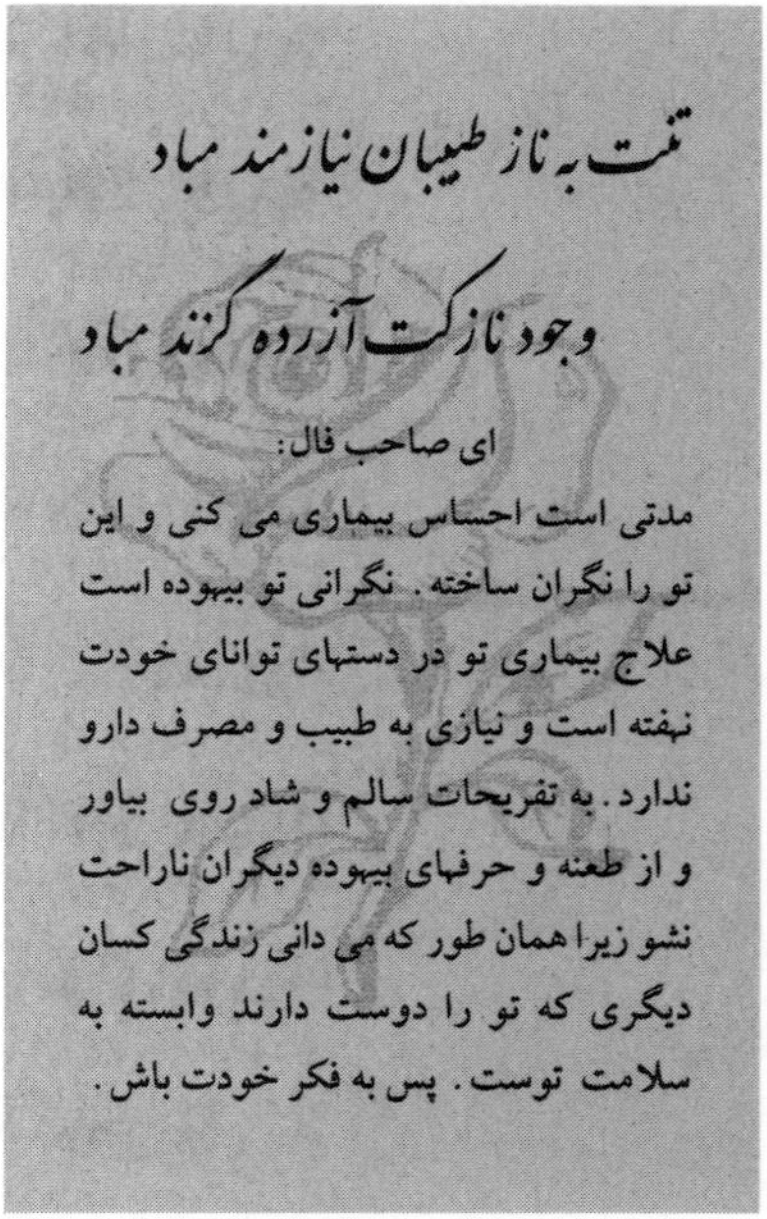
تنت به ناز طبیبان نیازمند مباد
وجود نازکت آزرده گزند مباد
ای صاحب فال:
مدتی است احساس بیماری می کنی و این تو را نگران ساخته. نگرانی تو بیهوده است علاج بیماری تو در دستهای توانای خودت نهفته است و نیازی به طبیب و مصرف دارو ندارد. به تفریحات سالم و شاد روی بیاور و از طعنه و حرفهای بیهوده دیگران ناراحت نشو زیرا همان طور که می دانی زندگی کسان دیگری که تو را دوست دارند وابسته به سلامت توست. پس به فکر خودت باش.

ハーフェズ占いの例

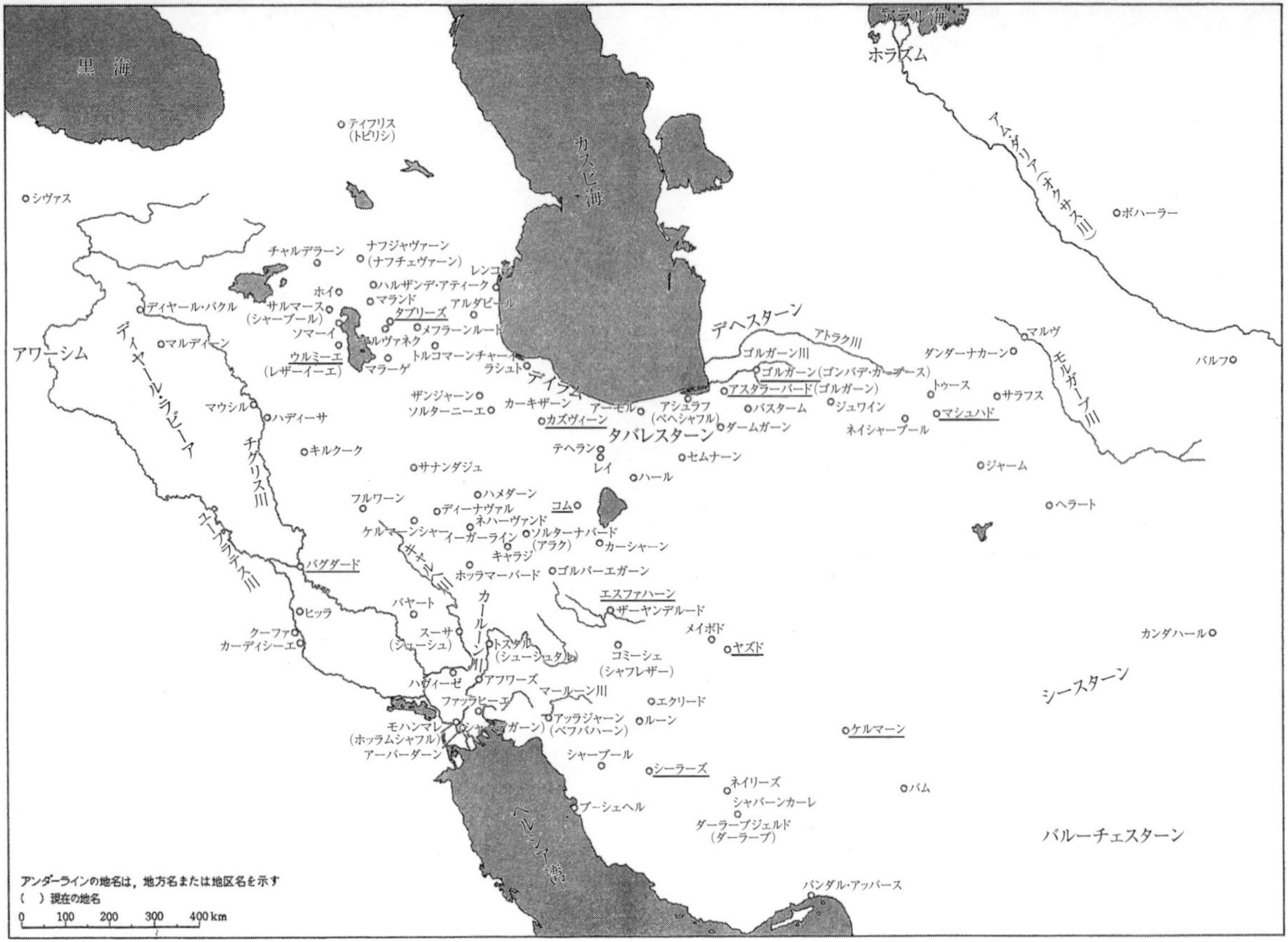
黒海
カスピ海
アラル海
ホラズム
アム・ダリア（オクサス川）
ボハーラー
ティフリス
（トビリシ）
シヴァス
アワーシム
ディヤール・ラビーア
ディヤール・バクル
マルディーン
マウシル
ハディーサ
チグリス川
ユーフラテス川
キルクーク
チャルデラーン
ナフジャヴァーン
（ナフチェヴァーン）
ホイ
ハルザンデ・アティーク
マランド
タブリーズ
サルマース
（シャーブール）
ソマーイ
ウルミーエ
（レザーイーエ）
マラーゲ
ルヴァネク
メフラーンルード
トルコマーンチャーイ
アルダビール
ラシュト
デイラム
ザンジャーン
ソルターニーエ
カーキザーン
カズヴィーン
アーモル
アシュラフ
（ベヘシャフル）
タバレスターン
デヘスターン
アトラク川
ゴルガーン川
ゴルガーン（ゴンバデ・カーブース）
アスタラーバード（ゴルガーン）
バスターム
ダームガーン
ジュワイン
ネイシャーブール
ダンダーナカーン
トゥース
マシュハド
サラフス
マルヴ
モルガーブ川
バルフ
ジャーム
ヘラート
テヘラン
レイ
セムナーン
ハール
サナンダジュ
フルワーン
ハメダーン
ディーナヴァル
ネハーヴァンド
ケルマーンシャー
イーガーライン
ソルターナバード
（アラク）
キャラジ
コム
カーシャーン
カルヘ川
ホッラマーバード
ゴルバーエガーン
バグダード
ヒッラ
クーファ
カーディシーエ
バヤート
スーサ
（シューシュ）
カールーン川
トスタル
（シューシュタル）
エスファハーン
ザーヤンデルード
メイボド
ヤズド
コミーシェ
（シャフレザー）
ハヴィーゼ
アフワーズ
マールーン川
ファッラヒーエ
エクリード
アッラジャーン
（ベフバハーン）
ルーン
モハンマレ
（ホッラムシャフル）
シャーマガーン
アーバーダーン
シャーブール
シーラーズ
ケルマーン
バム
ネイリーズ
シャバーンカーレ
ダーラーブジェルド
（ダーラーブ）
ブーシェヘル
ペルシア湾
バンダル・アッバース
カンダハール
シースターン
バルーチェスターン
アンダーラインの地名は，地方名または地区名を示す
（　）現在の地名
0 100 200 300 400 km

イラン周辺地図

を考えなさい。

当たり障りのない内容といえばそれまでだが、その頃筆者は、おそらく歩きすぎて足首の調子があまり芳しくなかったので、わりあい素直に「お告げ」を受け入れた。ちなみに、最初の二行は『ハーフェズ詩集』一〇六番の詩の一部である。このように、ハーフェズの詩には、人生のさまざまな問題に解決や慰めを与えてくれる暗示が含まれているのである。

話を元に戻そう。上で述べたような状況であるので、ハーフェズの生涯については、彼の人生の歩みを事細かに正確に記述できない。したがって、時代の状況、変化を解説しながら、その中に詩人の生涯をはめ込んでいくという方法がしばしば用いられた。本書においても、次章以下、この詩人の作品を紹介、検討するが、その前提として彼が生きた時代に関する知識が不可欠であるので、旧来と同様の方法に従い解説することにする。

ハーフェズはイラン中西部の町シーラーズで一三二六（七）年に生まれ、同地で一三八八年または一三八九年に没したとされる（生年、没年ともに異説あり）。彼が生まれ育った時代は、有名なモンゴル人の世界制覇がなされてからしばらく時を経た時代であって、中東地域は不安定な状況にあったと言える。すでに一二五八年には、イスラーム帝国の覇者としておよそ五〇〇年の長きにわたって君臨してきたアッバース朝も余命を絶たれていた。モンゴル軍のイラン侵入は、多大な破壊殺戮をもたらした。あるイラン人の歴史家は、「やって来て、殺して、破壊して、そして去った」と、簡明に彼らの到来を表現している。しかし、同時に、この強力な勢力が中央アジアから西アジアにかけて席巻したために、各地に存在した分権的勢力によって分断されていた世界が、それらの間にあった障壁が取り払われた結果、一種の世界文化を形成するようになった点も重要である。

とまれ、イランには、フラグ・ハーン（一二五六〜六五）によってイル・ハーン朝（一二五六〜一三三六）が設立され、以後しばらくの間モンゴル人の支配が続くことになった。特に、七代目のマフムード・ガーザーン・ハーン（一二九五〜一三〇四）の時代に、モンゴル将兵の大量改宗があったとされ、イランの新しい支配者もイスラーム教徒になった。さらに、彼の後継者、ムハンマド・ホダー・バンデ・ウルジャイトゥー（一三〇四〜一七）は、その名が示すように、熱心なムスリムであった。ホダーとはペルシア語で「神」を示し、バンデは「下僕」である。マフムード・ガーザーンがスンナ派かシーア派のいずれであったかは不明であるが、ホダー・バンデはシーア派であったと考えられている。

やがて、イル・ハーン朝の権威は弛緩し始め、地方分権勢力が並立するようになった。この時代に、イラン南部のファールス地方には、相次いで地方政権が成立する。その一つがインジュー王朝であった。ガーザーン・ハーンの時代にファールス地方の太守に任ぜられたシャー・アブー・イスハーク・インジューは、統治者としての行政能力には疑問があったものの、文芸の良き理解者、後援者として知られていた。ハーフェズはこの王の後援を得て、彼に仕えている。若い詩人には、良いパトロンであったかもしれない。しかし、この人物は快楽を好む傾向が強く、やがてこれに対する反動として、イスラームの教えに厳格なモバーレズ（Mobārez al-Dīn Muhammad b. al-Muzaffar）に殺害されてしまった。

この人物によって打ち立てられた王朝は、ムザッファル朝（一三一四〜九三）という。モバーレズッディーン・ムハンマドは、エスファハーン、ヤズドなどの地域を支配地として配置されたが、イル・ハーン朝の内紛、混乱に乗じて勢力を拡大した。モバーレズは、一三五六年頃までにファールスやアラークの支配権を手中に入れていた。この過程で、モバーレズは、インジュー王朝のイスハークを倒したのであった。しかし、モバーレズは非常にイスラームの教えの遵守に厳格で、過酷な政策を実施したため、シーラーズの人々にとってはあまりありがたい状況ではなく、彼の統治はきわめて悪評であったという。第6章でも述べるように、厳格な禁酒政策はハーフェズの詩作の格好の材料となっている。一例を上げると、この時代をハー

ハーフェズ（左）とアブー・イスハーク

フェズは次のように歌っている。

たとえ酒が楽しみを与え　風が花の香りをもたらしても
竪琴の音に合わせて　酒を飲んではいけません　見張りが厳しいからです
徳利と酒飲み仲間が得られても
理性的に（be-ʿaql）飲みなさい　うるさい時代ですから
ボロ衣の中に　酒杯を隠しなさい
徳利の目（から酒が出る）ように　血が流れる時代なのですから
涙の水で　酒のボロ衣を洗いましょう
禁欲の時代で　節制する日々なのですから

……………

この時期はハーフェズにとって厳しい時代であった。人生の辛酸、悲哀を味わった結果、神智（イルファーン）に関心を示すようになったのはこの時期であるという説がある。やがて、モバーレズはその息子シャー・ショジャー（一三六四～八四）に殺害されてしまった。ハーフェズは新しい王によって厚遇を受けるが、先王に仕えることはなかったと言われる。ただ、シャー・ショジャーの時代のハーフェズについては諸説ある。確かに王の庇護を受けたものの、詩人は王から猜疑の目で見られており、必ずしも快適な時期ではなかったとも言われている。とはいっても、この時代にハーフェズの才能が開花し、極点に達したことは事実であって、彼の経歴の最盛期であったと考えて差し支えない。ただ、これとは裏腹に、時代は動いており、イラン地域のみならず、中東全域はさらなる強震を被ることになる。冒頭で述べたチムールの来寇である。このように、ハーフェズが生きた時代は決して平坦ではなかった。有為転変、絶えることなく生じた時代であった。詩人は人生の甘いも辛いも、すべてを体験したと推測することができる。

神智が伝えられる

以上の歴史的状況を踏まえたうえで、ハーフェズの経歴について知られている事項を重ね合わせてみたい。父親はバハー・ウッディーン（Bahā al-Dīn, または、キャマールッディーン Kamāl al-Dīn）という。祖父は、もともとエスファハーンに住んでいたが、アターベグ朝（一一四七〜一二八七）の時代、シーラーズに移住してきたという。移住してきたのはハーフェズの父であるという説もある。いずれにしても、父親は彼が幼い頃に亡くなった。父が残した遺産を使い果たして、一家は経済的に困難な状況に陥った。バハー・ウッディーンには三人の子供があった。ハーフェズは三番目の子供であった。二人の兄はやがて故郷を離れるが、ハーフェズは母親とともにシーラーズに残った。幼い頃は奉公したりしたが、やがてパン屋を始めた。しかし、この状況に満足せず、近くの学習塾のようなところで勉学を始めた。その結果、彼は伝統的な教育を十分に受けることができたようである。この点は彼自身の詩の中に盛り込まれた該博な知識が雄弁に物語っている。これまで用いてきたハーフェズ（hāfez）とは、世にあまねく知られたこの詩人のペンネームであるが、これはコーランをすべて暗記した者に与えられる称号であることから、この人物の教養の高さは容易に推察することができるだろう。自らがコーランの暗記者であったことについて、詩人は次のように歌っている。

…………

ああ心よ　どれくらい私が忠告するか　覚えておきなさい
意地悪な目を閉じてください　おお　寛大な人よ　見逃してください
私が私室の一隅で行う　この大胆なことを
私はハーフェズ（コーランの暗記者）です　ある集会では労苦し　他の集会では

後述するように、この人物をめぐって、道徳廃棄論者、遊蕩者、神の冒涜者などの評価がある一方で、この人物の名が明瞭に示すように、彼が伝統的な宗教的知識を十分に身につけた人物でもあった、という解釈には一理あるだろう。

一般にハーフェズの生涯は三つの時期に分けられる。上で行った説明を補うために、それぞれの時期の特徴をもう一度整理したい。

第一期……アブー・イスハーク（Abū Eshāq）の支配期にあたる。一三五三年まで。これはハーフェズの若い時代であって、アブー・イスハークの庇護のもとに、人生の喜びを謳歌したとされる期間である。ハーフェズは自ら仕えた何人かの支配者に頌詩を捧げているが、一番多く捧げたのが最も長く仕えたシャー・ショジャーであるとしても、アブー・イスハークに対しても比較的多くの詩を捧げている（全部で五回）。しかし、アブー・イスハークの治世は享楽的であり、道徳的に弛緩した時代であったと言われる。一説によると、ハーフェズの詩に享楽的、陶酔的傾向が見られるのは、この王が支配した時代の影響であるという。大変物分りのよい、気前のよい支配者であったようで、若いハーフェズをよく理解してくれた。しかし、この王はやがてシーラーズを追われ、既述のとおり、ムザッフアル朝のモバーレズに殺害される。この事件をきっかけに、ハーフェズは人生の有為転変を身をもって体験した。

第二期……モバーレズの宗教的に過酷な支配の時期からシャー・ショジャーの支配期に当たる。先王の寛容な、ともすれば道徳的に弛緩した時代とは対照的に、新王モバーレズは、一三五八年まで厳しいイスラーム的支配を行った。この王はイスラームの教えに従って、酒を禁じ、酒場の扉はすべて閉じられたという。上で紹介した歌のほかに、次のような歌がある。

酒場の扉が開かれますように
私たちの落ち目な仕事の結び目が　解《ほど》けますように
もし自分を欺く禁欲者の心によって　結ばれるなら
心を強く持ちなさい　神によって開かれますように
朝の風に打たれる遊蕩者の純粋さで
閉ざされた扉が　祈りの鍵によって　開かれますように
葡萄の娘の悲しみの手紙を　書いてください
すべての若い酒場の主が　巻毛を二つに分けるように
リュートの髪（糸）を　純粋な酒の死のために　切ってしまいなさい

飲み仲間たちが　すべての血を　睫《まつげ》で開くように
酒場の扉が閉ざされる　おお神よ　お許しになりませんように
偽善と欺瞞の家の扉が開くことを
ハーフェズよ　あなたが持っているこのボロ衣を　明日見なさい
その下から　どんな異教徒の衣が　欺瞞によって見えるでしょうか

以下の数章で詳しく紹介、解説するように、このような詩の意味はそのまま文字どおりの意味でないことが多い。とはいえ、モバーレズの統治期間は、宗教的に厳格な取締が行われたのは事実であって、モバーレズ自身はハーフェズの詩の中で、「見張り（モフタセブ、下級の警吏、市場などを監視する警察のような役割を果たす者）」と呼ばれている。この詩の前に引用した詩の中で、「たとえ酒が楽しみを与え　風が花の香りをもたらしても　竪琴の音に合わせて　酒を飲んではいけません　見張りが厳しいからです」、と表現されていたとおりである。モバーレズには、宗教的敬虔さと残虐性が同居しており、例えば犯罪者を処刑した直後にコーランを平気で読むような人物であったと言われている。モバーレズはインジュー王朝のアブー・イスハークの処刑を命じ、それを実行したが、彼自身、自分の息子シャー・ショジャーによって廃位され、失明させられるという運命をたどることになる。

ハーフェズはこの支配者に仕えることはなく、四～五年の間不遇の時を過ごした。その後、シャー・ショジャーの手厚い庇護を受け、詩人としての彼の才能が全開した時代に入るのである。

朝　隠された声によって　よい知らせが私の耳に届きました
シャー・ショジャーの治世です　勇気ある酒を飲みなさい
見識のある人々が　周りに集まるようになりました
口と唇にある　千もの言葉よ　静かにしなさい
リュートの音で　あの話をいたしましょう
それを隠すことによって　胸の鍋が　煮えかえっています
自家製の酒を　監視を恐れながら飲みましたが
（今や）友（恋人）の顔を前にして　飲んでいます　飲もうと叫びつつ飲んでいます

…………

しかしながら、詩人と王の関係は単純ではなかった。シャー・ショジャー自身は非常に洗練された面を持つ一方で、時に残忍性を示す統治者であったとも言われる。文学や宗教の領域についても学識があり、自ら学問的な討論にも参加することがあったという。このような環境の中で、ハーフェズは自らの才能を開花させることができたのだが、両者の関係は複雑であった。なぜなら、王はハーフェズの詩人としての才能を十分に理解していなかったので、詩人はこの点で必ずしも幸せではなかったというのである。とはいっても、シャー・ショジャーの二六年に渡る長い治世の間、ハーフェズはこの王に仕えたのであり、従って多くの頌詩をこの王のために作っている。ある研究によれば、ハーフェズによる同時代の支配者に対する七〇の頌詩のうち、三九までがこの王のために作られたという。このように、シャー・ショジャーに仕えた期間は、ハーフェズにとって完全な意味で理想的とは言えなかったとしても、詩人としての彼の才能は、この王がいなければ十分に発展させられなかったことは明らかであろう。

酒宴の図（楽器の演奏）

第三期……没年までの時期。シャー・ショジャーの没後、老齢にも関わらず、庇護者を求めた最晩年に当たる時期である。この時期にハーフェズは何人かの世俗的支配者に頌詩を送り、その愛顧を求めている。しかし、彼の活動について詳しく知ることはできない。冒頭で紹介したチムールとの伝説的な出会いがあったとされる時期である。ハーフェズは生まれ故郷のシーラーズの町をこよなく愛し、生涯の間ほとんど町を出ることはなく、この街で最後の息を引き取った。

ハーフェズの生涯において最も重要と考えられるのは第二期であって、シャー・ショジャーの二六年に渡る支配の期間は、詩人の壮年、初老期に当たる。詩人として円熟し、最も活躍した時期であるとされる。これとは対照的に、先行したモバーレズの厳格なイスラーム的支配は、自由人であったハーフェズにとって耐え難く辛い時代であったという解釈がある。自由人とは定義がむつかしいが、少なくとも現代風のリベラルな人物などといってしまうと誤解を招くだろう。というのは、詩集を見てみると、この人物は神の道を求める過程で、禁欲的かつ過酷な修行に対して不満を漏らすタイプの人間では必ずしもなさそうだからである。彼が嫌ったのは、禁欲そのものではなく偽善的な禁欲であった。いずれにしても、モバーレズの時代に相前後して彼を襲う不運な出来事を体験して、人生の悲哀と辛酸をなめ尽くし、人生の深い意味を体得したであろうことは納得できる。したがって、ハーフェズが神智（イルファーン）の境地に到達したのはこの時代であるとされるのである。少なくともこれ以後の彼の詩には、到達した神智の息吹が強く感じられることになる。

ハーフェズの経歴について、神について深奥なる境地に関わる真理を詠んだと言われる一方で、彼が宮廷詩人であったという説、無神論者、単なる遊興者（レンド、rend）、托鉢僧（ダルヴィーシュ）

であったと主張する説など、多種多様な解釈が存在するが、この人物をいずれか一つのイメージに基づいて一種の「理想的人物」として記述することの危険性はしばしば指摘されてきた。この危険性を十分に認めた上で、上で述べたいくつかの解釈に加えて、「ハーフェズ法学者説」についても簡単に触れておこう。

これまでたびたび言及したモタッハリーによると、確かに本人が詩の中で豪語しているように、彼の令名は生まれ故郷のシーラーズだけでなく、イラン外にも広く知られていたらしい。この点が事実であったとしても、彼の作品数が非常に少ない点、また詩人としても、托鉢僧、スーフィー（神秘主義の行者）としてもあまり知られていなかったことを考慮すれば、いわゆる専門の詩人ではなかったのではないか、と推測している。生涯の間に作った詩は六〇〇程度で、活動期間を四〇年とすると、一年に平均して一五程度の詩作しか行っていなかったことになる。この点はニザーミー（Nezāmī／一一四一～一二〇三）フェルドウシー（Ferdowsī／九三四～一〇二五）、ルーミー（Jalāl al-Dīn Rūmī／一二〇七～七三）など、当時においてすでに著名であった詩人たちと比較した場合、明らかであるというのである。服装については、スーフィーに特徴的なズィー（zī）を「投げ捨てる」という表現が彼の詩の中に見られるものの、はたして本人が実際にこの衣を身にまとっていたか定かではない、という。

さらに、ハーフェズには詩人として、さらにアーレフ（悟得者）としての称号もなかった。確かに、「不思議の舌、lisān al-ghaib」の称号はよく知られているが、これとて彼の没後贈られたにすぎない、というのである。したがって、モタッハリーは、ハーフェズを一面的に職業的な詩人と考えることには問題があると考えている。

さらに、ハーフェズがスンナ派であったのか、それともシーア派であったのか、異論がある。しかし、一三世紀におけるモンゴルの侵入後、一四世紀の初めの頃、歴代のハーンがイスラームに改宗した状況の中で、特にウルジャイトゥー（一三〇四～一六在位）がシーア派に改宗していたと考えられることなど、時代の状況を考え合わせると、彼がシーア派であった可能性は十分にある。上述のモタッハリーなどは、この点について問題視すらしておらず、自明のことと考えている。本書ではこの考えに従い、この立場から議論を行う。シーア派のスーフィズムの伝統では、自らの宗教の師を明らかにしないことが多く、この点はスンナ派の場合と異なる、という。神智の高い水準に到達した人は、いわゆるモルシェド（霊的案内者、morshed）、シャイフ（長老、shaykh）、オスタード（先生 ostād）と呼ばれる公的な教育に携わる人たちとは異なる位置を占め、スンナ派よりも深い意味がある。シーア派の伝統では、それぞれの時代で誰が最高の知者、賢者であるか明らかではなかった。したがって、家族や妻、子供に至るまで、一家の主人が神智の高みに到達していることを知らないのが普通であって、ハーフェズは師や教師を持つことなく、人知れずこの道に精進して、悟達したという。

以上の説明によれば、この人物について明瞭に悟得者であることを示す直接的な証拠は、彼の詩以外に何もないのである。この点を踏まえたうえで、モタッハリーは、詩人が亡くなる最も近い時期に記された称号では、宗教学者を示すものが用いられていた事実を考慮に入れた場合、この人物は、ダルヴィーシュ（托鉢僧）、スーフィー（神秘主義者）、アーレフ（神智の悟得者）としてよりも、学者として知られていたという説を提示するのである。

この説は、モタッハリーのような宗教学者（ウラマー）の立場から見た場合、きわめて重要な意味を持つと考えられる。なぜなら、ハーフェズを単に遊興者と捉えたり、宮廷詩人と考える立場は、イスラームの最も深い知の領域である神智（イルファーン）を容認する立場、特にシーア派の立場から受け入れがたいことは、明らかだからである。本書の主題である神知と理性の関係と意味を考える場合、理性の働きを重視するシーア派イスラームの宗教学者の立場からハーフェズの詩を理解しようと努めることには格別の意味がある。正統的な（シーア派の伝統内ではあるが）イスラームの立場の中で、次章以下、三章にわたって紹介検討する「冒涜的な」詩がどのように理解できるのか、きわめて興味深い問題である。この作業によって、私たち現代人が用いる「理性」との異同が明らかになるだろう。さらに、この事実を知ることによって、新しい知の地平が開かれるかもしれないのである。

さらに、ハーフェズの生涯を述べる際に重要な点は、彼の名声はシーラーズばかりでなく、現在のイラン国境を遠く離れたところにまで知られていたことである。第5章で紹介する詩の一つにおいても知られるように、詩人の名声によって、インドのデカンにいたバフマン朝の支配者、マフムード・シャー（一三七八～九七）、ベンガルの支配者、ギヤース・ウッディーン（一三八九～九六）などから誘いがあったと言われる。特に前者については、ハーフェズを招くために金品を前払いして熱心に招聘したが、予期せぬ台風が発生したために、インド行きは実現しなかったことになっている。また、後者については、次のような数行がある。

酌人よ、糸杉と薔薇とチューリップが話をしています
三杯の酒杯を交わしながら　この話をしています
酒をください、花園の新婚の花嫁は　この上なく美しい
今となっては　仲人の力も　無用です
インドのすべてのオウムたちは　このファールスの砂糖によって
もしそれがベンガルに届けば　言葉巧みになるでしょう
詩の動きの中で　場所と時間をご覧なさい
このたった一日の赤ん坊が　一年の道のりを進むでしょう

「砂糖」とは自分の作った詩のことで、それを聞けば「インドのオウムたち」、つまりインドの詩人たちは大いに学び、生後一日の赤ん坊が一年も成長するように、わずかの期間で詩作が上達するというのである。大変な自信である。このほかに、イラクの王からも誘いがあったという。この点に関して

は、厳格なイスラーム法による支配を行ったモバーレズの支配の説明を行った際に一部引用した詩の最後のところで、ハーフェズは次のように詠んでいる。

……………
すばらしい詩で　ハーフェズは　アラーク（イラク）とファールスを手に入れました
来なさい　今度はバグダードとタブリーズの番です

すでに自分の詩は生まれ故郷のシーラーズがあるファールス地方さらにアラーク（イラク）を征して、次にバグダード、タブリーズにまで進出しようというのである。ここで言うアラーク（イラク）とは、アラーク・アジャム（イランと現イラク共和国の国境あたりの地域である）のことである。また、タブリーズはイラン北西部の大都市でトルコの国境に近く、トルコ系の住民が多い地域である。

本章を閉じるに当たり、ハーフェズの生涯を彼の詩を用いて再構築しようとする方法の問題点について、もう少し述べておきたい。本章の初めに記したように、ハーフェズの生涯に関する信頼に足るだけの記録が残されていないために、彼の伝記作者は、やむをえず多くのページを彼と彼の保護者であった支配者との関係の叙述に費やしてきた。このような接近の仕方は、ほかに方法がなかったとはいっても、いくつかの深刻な問題を生み出したと言える。その一つは、この詩人の多彩な作品をめぐり、想像力を駆使して深読みした結果、時代錯誤的な解釈がなされてきたことである。例えば、ハーフェズが自由思想の持ち主であって、彼の周囲にいた反動的、因習的な人々と衝突を繰り返した、といったたぐいの議論である。その結果、この詩人はたぐいまれなる皮肉の精神でもって、同時代の保護者を含めた敵を欺きながら、詩作を行った。その詩は時代を超えた普遍性を有し、現代の知識人にも快くアピールする内容をもつものとして受けとめられてきた、という指摘がなされた。もちろん、文学作品はいったん作者の手を離れてしまえば、読者がどのように読もうと勝手である、と言ってしまえばそれまでだが、あまりにも恣意的な読み方には問題があるだろう。

今、このようなことをあえて言うのは、次章から始まる筆者のハーフェズの作品の読み方においても、同様の危険性が潜在的にあることを気遣ってのことである。すでに、第2章の説明で明らかなように、筆者はハーフェズの詩を単なる文学作品と考えていない。そうではなく、その中に深奥な神智が盛り込まれたものと考えている。あえて言えば、格別にその面を強調しようとしている。もちろん、全く根拠なしにそのようなことを企てたわけではないが、人によれば、紹介する詩の選択を含めて、筆者がきわめて恣意的に解釈しているように感じるかも知れない。ただ、例えば、時代錯誤的に現代の精神的病弊の解決策、セラピーを彼の詩の中に見出そうなどといっているのでは、もとよりない。とは言っても、一四世紀に詩の形式を用いてなされた叙情的な表現であっても、今の私たちが読むと、その解釈に現代の問題が反映されることは避けることができない。この点だけは認めておく必要があるだろう。そして、あわよくば、その解釈が今の私たちが抱える問題を考えるヒントにならないか、というくらいのことを考えているだけである。

　以上を踏まえて、ハーフェズの詩の神智をめぐる表現を具体的な例を示しながら検討することを始めよう。

第5章……人生の意味——私はなぜ生まれて、どこにいたのか

イスラーム神秘主義について、これまで歴史、理論、用語、さらに本書の主人公ハーフェズ自身の話をした。これからの数章では具体的にハーフェズの詩を紹介検討したい。ハーフェズが真に神との合一体験をした悟得者であるのか、遊興者にすぎないのか、決定的な根拠はない。すでに指摘したように、この詩人が覚者であったとしても、われわれにできることは、せいぜい彼の詩を頼りに神智の入口までたどり着くことだけである。まず、ハーフェズの人生観から。

一般に、宗教的人間の人生観は悲観主義的である。少なくとも現世が最高で改善する余地のない完璧なものだ、などと考えない。仏教はその典型であろうが、キリスト教でも初期の使徒達の活動を見ると、同じ傾向が観察できる。例えば、パウロは「ローマ人への手紙」第一二章二節で、

あなたがたは、この世と妥協してはならない。むしろ、心を新たにすることによって、造りかえられ、何が神の御旨であるか、何が善であって、神に喜ばれ、かつ全きことであるかを、わきまえるべきである。

と述べていた。この世が完全で非の打ち所がない状態であるなら、このような考えが出てくるはずはない。もちろん、信者たちは希望を持っているが、その希望は、キリストの「再臨」、最後の審判に伴いこの世の秩序が根本的に入れ替わることに対する期待感が主流になっていることがわかる。イスラームでも同様の傾向が観察できる。確かに、イスラームは政教一致の宗教であると言われ、現世における人間の活動はそのまま宗教的な意味を持つと考えられる。程度の差こそあれ、宗教的人間(homo religiosus)にとって、いずれの日常的活動も信仰の表現とみなされるのである。これはおそらくすべての宗教に共通すると思う。イスラームでは、例えば「出家主義」を容認しないなど、現世における信者共同体(ウンマ)での生活は、良き信者にとって重要な位置を占める。すでに第2章で紹介したように、神秘主義の旅程においても、最終段階で元の通常の社会生活に戻ることになっていた。しかし、本章で紹介するいくつかのハーフェズの詩からわかるように、人間にとって終の住まいとして神の御許に行くことが究極の目標であれば、現世は取るに足らない、諸悪に満ちた世界であるとの考えも成り立つ。

命の顔を覆うヴェールは　私の体の埃となります
一瞬であっても（damī）　その顔からヴェールが取れたらいいのに
このような籠（囲い）は　私のような巧みな歌い手に　ふさわしくありません
天国の花園へ行きましょう　そして私はその花園の鳥です
なぜ私は生まれて（やって来て）　何処にいたのか　わかりません
自分のこともわからないなんて　ああ　心痛の極みだ
私は一体どのように　天国の空間を飛翔できるのでしょうか
私は形でできた小屋の中で　囚われの身なのですから
心の血から麝香の香りが漂ったとしても
驚くことはありません　私はホータン（地名）の麝香袋の同情者なのですから
私の金色《こんじき》を施したシャツの飾りを見ないように
蝋燭のように　私のシャツには　炎が隠されているからです
来なさい　そしてハーフェズの存在を　彼の前から取り去ってください
そうすれば　あなたの存在によって　誰も私の存在について聞くことはないでしょう

（叙情詩三四二）

結局、人間にとって究極の問題は、人間存在の意味を知ることである。すべての宗教、哲学は最終的に「なぜ私は生まれて（やって来て）、（生まれる前は）どこにいたのか」、という実存の秘密に収斂すると言っても過言ではない。どこから来て、どこにいたのかという問いは、必然的に最後に「どこへ行くのか」という疑問につながる。「どこから、なぜ、どこへ」は人生の三大疑問と言われ、「前世」や「来世」の問題をも含む、深奥な問題を私たちに投げかけていると思う。多くの人は生活に心を奪われて、自己の存在の意義を考えない。日々の糧を得るのに時間を奪われ、思索できないのであればまだ救いがある。そうではなく、今の私たちは欲望を満たすのに時間と精力を用いて、最も重要な問題の意味を問う入口にも達していないような気がする。私たちは「籠（囲い）」あるいは「形の小屋」、すなわち形相から成る現象世界の限定の中に囚われているのである。囚われの身を自覚する者はまだ幸いである。そこから逃れる方策を考え、うまくいけばそれを見出す可能性があるからである。しかし、これに気づかない者があまりにも多い。現代人の最大の不幸である。イスラームではこの問題は「自己を知る」という、賢者であるための必須の条件として、人間存在の究極の問題として位置づけられてきた。

私たちはなぜ生まれたのか、そして、この生を終えるとどこへ行くのだろうか。人間存在を肉体的、物質的側面のみ考慮して、それがすべてであると納得できる人はある意味で幸せである。肉体の求める快楽が満たされるとき、それが幸せなのだから。感覚的快楽以外に何があるのだ。それしかないではないか、だから私はそれを追求する、と断定できる人は、その人にとってそれが人生の目的なのだから、これ以上の幸せはないことになる。ただし、瞬間、瞬間に感覚的な満足感がある一方で、少なくとも欲望が満たされている間だけ幸福感を伴うこともまた事実である。人間の物質的満足の条件は衣食住であるから、すてきな服を着て、うまいものを食べ、快適な住居で暮らすのは、幸せを測る基準である。これを否定する人は通常あまりいない。しかし、人の欲望に終わりはない。となると、終わりのない欲望を追求する人は、辛く、悲しい。感覚的欲望に終わりはないからである。「私は形でできた小屋の中で　囚われの身なのですから」と詩人が歌うとおりである。

ハーフェズは、さらにこの人間の状態を「命の顔を覆うヴェールは　私の身体の埃となります」と表現している。ヴェールで身を覆った私は、本来の私ではない。埃を身に被っているようなものである。しかし、自分でない自分であることは、一面楽しく、快適である。神智に達していない自分にとっては、本当の自分は自覚されていないのであるが、逆にそれが幸せであると思い込んでいる。上述のとおり、イスラーム的賢者のあり方について、この問題は「自己を知ること（ma'rifat an-nafs）」というテーマで知られており、前著ではこの問題について簡単に触れた（『イスラーム革命の精神』第6章）。そこでは、イスラームの十二イマーム派シーア主義で初代のイマームと言われる聖人、アリー（六〇〇～六六一）が次のように述べていることを紹介した。

私には次のことが分かりました。人間は時々、「自己でない自己」と誤解して、「自己でない自己」を

「自己」と考えます。「自己でない自己」を「自己」と考えるので、自分の考えでは「自己」のために従っていることが、実は、「自己でない自己」のために行っているのです。そして、真の自己を放棄し、分離し、時には廃棄すらしてしまうのです。

さらに、次のような言葉もある。

なくした物は探すが、「自己」を失っているのにそれを探そうとしない人に、私は驚いてしまう。

真の幸福は、偽りのない自己を覆うヴェールを取り去るとき、つまり、顔を覆う埃が取り除かれる時に訪れる。その時完全な自由を得た私は「天国の花園」を飛びかう「花園の鳥」である。「自分のこともわからな」かった自分に気づいた私は、神との合一体験をした。神を知った。もはや自分が自分でも、彼（＝神）でもない状態である。「あなたの存在によって、誰も私の存在について聞くことはないでしょう」とは、おそらくこの体験をいうのだろう。

一方で、ハーフェズは、この辛い人生をできるだけ楽しく過ごすように、人生に関する教訓詩も多く作っている。その真意は何であろうか。例えば、次のような詩がある。

一瞬でも（dami）嘆きながら生きるとすれば　世界は全く価値がありません
酒代《さけしろ》にあなたのボロ衣《ごろも》を売ってごらんなさい　それは（酒代に）値しません
酒売の区域では　（一杯の）盃としても受け取りません
敬虔の礼拝敷物（sajjādah）など　盃一杯の酒にも値しません
敵《かたき》が私を詰《なじ》って　この門から顔をそむけなさい（と言います）
どうなりましたか　私のこの頭《こうべ》は　それは戸口の埃ほどの価値もありません
スルタンの冠の栄光は　命の恐れを伴うものであって
その冠は魅力的とはいっても　頭《こうべ》を捨てるほどの価値はありません
儲けを得るためなら　荒海など　最初　私は安易に考えていました
それは間違いでした　この嵐は百の真珠に値しません
あなたは熱心な人たちから　顔を隠したほうが良いでしょう
世界を制覇する喜びも　軍の嘆きに値しません
ハーフェズのように満足に努めなさい　そして卑しい世界を通り過ぎなさい
卑しい人々の義理の一粒の大麦は　二百マン（約六〇〇kg）の黄金の価値はありません
（叙情詩一五一）

この詩は、ハーフェズがインドのデカン高原にあるバフマン朝の王、マフムード・シャー

(Mahmūd Shāh／一三七八〜九七）の招きに応じてその地へ赴くため、故国シーラーズを去ってペルシア湾のホルムズまでやってきたとき台風が襲ったので、インド行きをあきらめて、その旨を伝えるべく件の王に送ったものであると言われる。この王は、自らペルシア語、アラビア語で詩作を行い、幅広く文芸を保護、奨励したことで知られた。この噂を聞いたハーフェズは、デカンに行きたいと願うが、生活が厳しくかなわない。これに対してマフムード・シャーは、ハーフェズを招くために必要な金子を送った。結果的に、ハーフェズは送られた資金を本来の目的とは異なる用途に使ってしまうが、どうにかこうにか一時封鎖されたペルシア湾岸の出口に当たるホルムズに到着した。彼はインドに向かって商船に乗り込むが、この時台風が襲ったことになっている。これまでたびたび述べてきたように、詩人の詩を歴史や実際の生活を表現したものと解釈することは自由である。それで意味が通じる場合も多い。同時に、詩人がその背後に何らかの深い人生の箴言を盛り込んでいたと解釈することもまた自由である。以上で簡単に述べた事件が実際にあったのかどうか、不明である。ただ、ハーフェズ自身が『詩集』のあちこちで述べるように、彼が生前に当時の世界で幅広く知られており、支持されていた可能性は高い。この点は引用の詩自体が暗示している。さらに、現在、彼が身分の上下を問わず、非常に高い人気を博していることによっても推測できる。ハーフェズの詩をいくつか諳んじていないイラン人はまれであろうし、よく言われることだが、イラン人の家庭で『ハーフェズ詩集』を置いていないのはほとんどないという。ただし、その解釈となると一筋縄ではいかない。

最初の数行は文字どおりに解釈すれば、快楽主義的、現世享楽的である。その背後にあるのは、インドの王に仕えるためにはるばる彼の地に赴き、巨万の富を得るという世俗的な欲望である。しかし、詩人は享楽主義を一蹴する。「儲けを得るためなら荒海など　最初　私は安易に考えていました　それは間違いでした　この嵐は百の真珠に値しません」。すなわち、ペルシアからインドへの海路の旅は確かに危険を伴うけれども、別にたいしたことはなかろう、とはじめは思っていた。しばしの苦難の末に手に入れることのできる豊かな生活を考えれば、たやすいことだろう。しかし、実際に恐ろしい嵐の体験で乗船すらできない状況に直面して、巨万の富よりも命のほうが大切であると考えるようになった、と解釈できるだろう。この詩にはハーフェズの人生観が現れているように思う。冠（王冠）も同様である。一国を支配する冠（王冠）は確かに魅力的である。しかし、それを手に入れても、そもそもそれを載せる頭がなくなってしまったら（命を失ったら）、全く意味がないというのである。命とは言うまでもなく、神と共にある生活である。

人間は人生のさまざまな局面で、実現しそうもないいろいろな希望と夢を抱く。上記のような冒険の結果得られる巨万の富、一国の支配者として君臨すること（「スルタンの冠の栄光は　怖れを伴うものであって」）、あるいは世界を征服して名声を上げること、いろいろある。さらに、日々の生活の中で信仰心を持って、神の道に邁進することも人間の希望であり、夢である。ところが、これらの希望や夢がそのまま実現することは、通常あまりない。自分は「戸口の埃」以下の存在である。「自己を知らない」人が神の道を求めても、現実には欺瞞、偽善など、本人の意図とは全くかけ離れた状況が生じる。そんな人が日々の礼拝で用いる敷物（サッジャーダ）は、その人の偽善のゆえに、酒場に持って行っても酒（ワイン）一杯分の価値すらないということである。すでに述べたように、ワインは神との合一に関連する重要な語である。偽善者はワインを手にすることができない。真の神を求道する道程において、すなわち「自己を知る」過程で、偽りの敬虔は全く価値を持たないことを表している。蛇足だが、つまらない宗教生活をしていても、楽しいお酒のお代にはならない、というふうにそのまま読むことも排除されない。

ここで少し注目したいのは、最後のところでハーフェズは満足とか、俗世から去るように言っている点である。この詩も神智（イルファーン）を歌ったものであると考えられるが、満足して、儚い現実に期待せず神の道を歩むことが、「一瞬でも嘆きながら」過ごさない前提条件であることは、すでに第2章で学んだとおりである。

人生をひと時も悲しまずに過ごすことが望ましいことは当然であるとは言っても、現実の生活は苦難に満ちている。イスラーム世界の詩人たち、特に神秘主義者たちは、概ね人生を苦難と艱難に満ちた状況であると捉えるのが普通である。第2章で述べたように、禁欲主義者たちが神の審判を間近に感じ、その到来を心待ちしたように、宗教的人間はいつの時代であっても、現実の世界、社会を完全なものとして容認せず、来るべき至福の神の国を待望する。人生はつかの間の夢のようなものである。このような思想は日本人が慣れ親しんだ仏教の「無」や「空」につながる要素がないわけではない。もちろん、絶対的な神の存在やその神との合一を容認する宗教では、仏教の解脱等とは異なった捉え方をするのかもしれない。筆者の理解するかぎり、イスラームでは仏教的な「因縁」に基礎を置く「空」観、「無常」観は明確でないように思う。仏教思想では、天が下に存在するように見えるものは、すべて相互関係によって成り立っているため（因縁）、それ自体が実態として存在するわけではない、と考える。色不異空、空不異色、色即是空、空即是色である。しかし、イスラームに人生を「苦」「無」「空」と捉える傾向が全くないのでは、もちろんない。上記のとおり、宗教的人間は多かれ少なかれ、現世を仮の住まいと捉え、現身を儚む傾向があるからである。例えば、

昨日《きのう》　酒売の老人――彼の言うことに栄あらんことを――が言いました
「酒を飲みなさい　そして心の悲しみを　忘れてしまいなさい」
私は言いました「恵みがありますように　酒は名声と汚名を与えます」
彼は「言葉を受け入れなさい　なるようになれ」
損得と元本は手元からなくなるでしょう
この取引を　悲しんだり喜んだりしないようにしなさい

ソロモンの王座が　風とともに消える状況の中で
心を無（hicchi）に据えれば　手に残るのは風だけでしょう
ハーフェズよ　賢者の諭しにうんざりするなら
話を手短にしましょう　あなたの命が長くありますように

（叙情詩一〇〇）

一見、この詩は「どうにでもなれ」という投げやりな人生を歌っているように見える。多分、そのような解釈でもいいのかも知れない。人生の苦しみ、無常さを忘れるのに、酒は最良の友であるから、これに頼って人生の遣る瀬なさを、少しでも忘れようとしているのかもしれない。酒の好きな人にはあまりにも明白なことなので、多言を要しないだろう。一説に、短い人生を楽しく愉快に過ごすこと、これは賢者の送るべき生活であると主張する立場もある。もちろん、ほかの解釈も可能である。おそらく重要な点は、この世にあるもので当てにできるものはない、全くない、これを悟ることである。あれほど権勢を誇ったソロモン王の栄華さえ、風とともに消えてしまうのがこの世の習いであって、所詮この世はその程度である、という悲観的な、虚無的な世界観である。「無（ヒッチ＝hicchi）」に心を寄せるとは、本来頼るべくもないものを当てにしたとき、そこにあるのは空虚だけである事実を示している。絶えず不安に苛まれる商売をしている人にとって、「損得も元手もいつかはなくなる。取引を悲しまず喜ぶな」とは、彼が直面する現実に対する大いなる慰めである。

確かにこのような世界観は、仏教徒とも十分に共有できるので、読者は意外さと同時に、親近感を持たれるかもしれない。詩人はさらに続ける。一般に賢者とされる人々の金言を学ぶことすら、現世においては単なる時間の浪費である。なぜなら、賢者が真に賢者であることを証明する術がないからである（第7章、158ページ以下の詩を参照）。重要なのは、この移ろいゆく世界を離れて、確実で根拠のある世界に思いを寄せることである。そこで、おしゃべりはやめて、誠心誠意、神に思いを馳せることが大切になる。イスラーム教徒のこのような人生観は意外であるかもしれないが、程度の差こそあれ、彼らの間で共有された価値観なのである。

過酷な現世《うつせよ》の苦悩は、さまざまな形で人間を襲う。読者は次の詩をどのように解釈されるだろうか。

心が血に染まった様を　誰が語るだろうか
酒樽の血に染まった天空を　誰が求めるだろうか
酒を敬う者たちの目に　辱《はずかし》めがありますように
もし酔った水仙が　再び芽を出すようなことがあれば
酒樽に腰を据えたプラトンの他に
叡知（hikmat）の秘密を誰が私たちに語るだろうか

チューリップのように　酒盃を廻すものは誰でも
この禍によって　顔を血で洗う
蕾のように　私の心は開かない　もし
盃がその唇から　もう一度香りを放つことがないなら
家の中で　竪琴が　あまりにも多くを語るので
再び嘆くことがないように　その髪（弦）を切ってしまいなさい
ハーフェズは　酒樽の至聖所（メッカのカーバ神殿）の周りを
もし死ぬことがないなら　もう一度走り廻るでしょう
（叙情詩二六二）

この詩は、第4章で時代背景を解説する際に触れた、厳格なイスラーム的施策がなされたモバーレズの時代の禁酒政策に対する嘆きと非難の歌であるとされる。これもそのまま読めば、哲学的、宗教的に現世を観想してその儚さを嘆くというよりは、単に大好きな酒を禁止されたので、それをきわめて大げさに嘆いているだけのように見える。それでも意味は通じるし、もっともな解釈だろう。しかし、現世において絶対的な神との関わりを遮断され、苦しみもがく人間の様と読んだ場合はどうだろうか。人間が本来あるべきところ、神の居所から遠ざかりさ迷うとき、人間はあるべき本来の状態ではなくなる。第2章で詳しく述べたように、人間の本来の姿は、神とともにあるときに実現する。人生とは、かつて共にいた神のもとに還る過程である。俗世間の誘惑の柵は幾重にも取り囲み、がんじがらめにする。人が自分本来の状態を知らず、自己でない自己を本来の自己であると勘違いしているかぎり、その人の心の「蕾が」開くことは永久にない。人生の哲理を教えるのは酒（酒樽に腰を据えたプラトン）である。神との密接な関係である。これを断たれた人間が「この禍によって顔を血で洗う」とはなんとも凄惨である。第7章「神智と理性」で明らかにするが、イスラームにおいて神智（イルファーン）に到達した人は、真の賢者（アーレフ）である。彼にとってもはや合理的推論や通常の言葉、知恵は満足を与えるものではなく、友人（神）と関係を保ち、彼と一体化する純粋な瞬間は、まさしく恍惚の極致である。詩人はこの瞬間を、酒樽やワインに例えたのである。神と合一できない時間は憂鬱そのものである。これとは対照的に、最後の二行は実にコミカルでもあるし、歓喜の様子を表現しているようにも読める。もう一度浴びるほど酒を飲みたいと言っているのか、神との合一を果たして我を忘れて走り廻りたいと言っているのか……ここでは、神との別離の生活の中で、ひたすら神を求める人間の悲しくも希望にあふれる表現としておこう。

ハーフェズは偽善を嫌った。人生を正しく生き、神の許に到達するのに、偽善は最大の障害であるからだ。彼の詩集の中に偽善者、特にボロ衣（神秘主義者の装い）を身につけた、上辺だけの宗教的敬虔さを偽装する人々への攻撃は凄まじい。

説教師たちは　これほどの見せかけで礼拝を行うが
自室に入ると　それとは違うことをする
わからないことがあるので　集会の識者に訪ねてみなさい
悔い改めを勧める者が　なぜ自らは悔い改めをあまりしないのでしょうか
おそらく　彼らは最後の審判を　信じていないのでしょう
このような心と偽りで　審判を行います
おお神よ　この新参の役人どもを　奴らのラバに載せてください
これらの（人々の）すべては　トルコの奴隷と騾馬で見せびらかします
修行場の乞食よ　修行場へ急ぎなさい
（そこでは）水をくれるし　心を豊かにしてくれるでしょう
彼女の果てしない美しさが　恋人を狂死《くるいじに》させるとき
他の者たちが愛に向かって　目に見えないところから現れます
天使よ　愛の酒場の戸口で　祈りを捧げなさい
その場所で　人の（ādam）性質が造られます
明け方に　天から叫び声が聞こえ　理性（ʻaql）は語りました
聖なる者たちよ　告げなさい　ハーフェズの詩を記憶しなさい　と

（叙情詩一九九）

この詩は偽善というテーマに関しては、かなりわかりやすい。ここで攻撃の対象になっているのは、神秘主義者と宗教学者である。いつの時代でも、聖職に携わる者にとっての誘惑は、普通の信者のように飲酒したいとか礼拝を怠けようなどという信仰上の基本的なことではない。彼らは、聖法の定める宗教上の基本的義務を遵守して当然の立場にあるわけである。モルタザー・モタッハリーは、

……一人の宗教学者が肉的な誘惑に抵抗するのと、一般の信者の一人の抵抗には相違があります。……一人の宗教学者にとっての肉的な誘惑の基準は、例えば酒を飲むとか飲まないとか、賭博をするとかしないとか、また祈りや断食を放棄するとかしないとか、こういうものではありません。……
（『イスラーム革命の精神』四九ページ）

と述べている。宗教学者は、「責任上」、一般の信者に対して説教をしたり、助言したり、諭したりしなければならない。これはこの職にある人の背負わなくてはならない重い、限りなく重い十字架である。自己を鍛錬してこれに耐え忍ばねばならない。しかし、現実にはこれに反する聖職者があまりにも多いのである。一九〜二〇世紀にかけて活躍した、ヨーロッパの心理学者で、その名があまねく知られた人物の父は、キリスト教の牧師であった。問題は、その父親は自由主義的な人物で、実はキリスト教の教えを自身は信じていなかった点である。キリストの教えを信じていない者が信者に教えの

「真実」を説く、これを生業とする、これほど悲惨な人生があるだろうか。とはいっても、私たちの生活も大同小異で、心の底から好きでたまらないこと、命をかけて信じることを行って生活の糧を得ている人がどれだけいるのだろうか。こういう反論が出るのは当然である。確かに、五十歩百歩と言ってしまえばそれまでだが、神に奉仕することを誓った人が、実は心の内で全く信仰を持っていなかったというのは、少し次元が異なるように思う。私たちのほうが少しはましであるかも知れない。なぜなら、一方は扱う対象が魂であるからだ。とはいえ、詩人は偽善的な宗教学者や神秘主義者を手厳しく批判するが、この問題は実は他人事ではないのである。

この現実に直面して、自分の内面を凝視しながら、詩人は葛藤している。

心の火によって　酒樽のように煮え返る私は
唇に封印をして　血を飲み　黙っています
恋人の唇を求めることこそ　人生の目的
あなたは私をご覧なさい　このことに私は命がけです
私はいつ心の悲しみから自由になるのでしょうか　どの瞬間（dam）にも
インド人は私の耳のところで　麗しの巻毛で輪を造ります
おお神よ　自分に従うのは半分だけ

これが運命《さだめ》で　私は時々酒盃を傾けます
私には望みがある　敵《かたき》といえども　終わりの日に
神のお赦しの恵みが　私の肩に重荷を課すことがありませんように
私の父は　天国の園を　二粒の小麦で売ってしまいました
私がなぜ　地上の地所を　一粒の大麦で売らないことがあるでしょうか
私が修行衣を身につけるのは　宗教心からではありません
百もの欠点を隠すために　被いをかけているだけです
選りすぐりの酒以外は飲みたくない私は
老人の言葉を聞かなければ　どうしたらよいのでしょうか
愛の道の集いの楽師が　このように楽を奏でれば
ハーフェズの詩は　意識の中から　サマー（神的聞き入り）の時をもたらします
（叙情詩三四〇）

これまた、単なる恋と酒を求める遊興人の心境と読めば、それはそれで十分に意味が通じる。この人物は神を信じておらず、命がけで女性の心を求める。羨ましいほど情熱的な人物である。そのような状況の中で、「おお神よ　自分に従うのは半分だけ」などと、嘘ぶいている。しかし、どうやらこの詩もその奥義を探る必要がありそうだ。父親（人類の父アダム、つまり、『旧約聖書』「創世記」におけが（『旧約聖書』の記述とは明らかに異なる）、その子である自分は、天国にあらず、この世界をそれに勝る安価、たった一粒の、しかも小麦ならぬ大麦で売ってしまうというのである。再び天国（神の元）へ戻るために、ハーフェズの深い内面を見つめる心の表現と筆者は見たい。「私が修行衣を身につけるのは　宗教心からではありません　百もの欠点を隠すために　覆いをかけているだけです」。むしろ、詩人はこの世にいささかの価値も認めていない。ここでの苦しみ、矛盾、葛藤に苦しんでいるのである。

次章でさらに詳しく扱うが、酒や美女は神を切実に求める行為を表すメタファーである。詩人の心は神への愛に悶々としている。どうして良いのかわからないのである。彼は「唇に封印し、血を飲み、黙っている」。必死で愛人（神）の心を捉えようとするのだが、心の悲しみが消えることはない。すでに、第2章で明らかにしたように、神人合一を目指す人は、現世を本来所属すべき場からの別離の状態と捉える。ルーミーの詩であまねく知られた葦原から意に反して切り取られた葦は、葦笛となって悲しい音色を出す。それは本来自分がいるべきところから切断された者の苦悩のうめき声である。真に愛する者との一体感を得ることを希求する者にとって、自らの信仰などに一匁の価値も見出さない。心で真実を求めているので、現世での利益を平気で放擲できる自分である。みすぼらしい衣服を身にまとい、敬虔な者のふりをするが、それは単に自分の偽善を隠し、汚れた自分をごまかそうとするためにすぎない。自分の信仰がどの程度かわかっている、なんとかしたい、助かる方法は一つ。

「選りすぐりの酒以外は飲」まず、「酒場の老人（pīr-e moghān）」から真実の言葉を聴くことだけである。

この章の最後にハーフェズの詩の特徴を述べた有名なガザルをもう一つ。

おお神よ　この微笑《ほほえ》む新鮮なバラを　あなたは私にくださいましたが
花園の妬みによって　それをあなたにお渡しします

たとえ誠実の道から　百行程も遠ざかったとしても
天空をめぐる禍が　バラの命と体から遠くありますように
もしサルマーの家（恋人の家）に着いたら　おお朝の風よ
私から「サラーム」を届けてくれることを望みます
あの黒い髪から　礼を尽くして　匂い袋を開いてください
そこは愛しの人のいるところ　かき乱し

叡知の伝授

てはいけません
伝えてください　私の心はあなたの産毛と黒子に忠誠を誓っています　と
巻毛の竜涎香の髪の束を　敬いなさい
彼女の唇を思い浮かべながら　酒を飲むとき
自分のことを意識しているようならば　その酔は卑しい
名声も富も　酒場の入口からは得られないでしょう
誰でもこの水を飲む者は　顔を海に投げ捨てなさい
哀しみの苦悩を怖れるものは誰でも　その愛は正しくありません
私の頭《かしら》　彼女の足　あるいは私の唇　彼女の口
ハーフェズの詩は　すべての叙情詩が　叡知（maʿrifah）です
ああ　その魅力あふれる魂と言葉の優雅さに　讃えありますように

（叙情詩二八一）

第3章で紹介した神秘的表現が随所に用いられている。ここでは、「産毛」「黒子」「巻毛」など、通常の感覚に従えば、官能的な美女の有様を表しているように見える。しかし、この詩の最初のところでいう、「この微笑む新鮮なバラをあなたは私にくださいました」とは、一体何だろうか。おそらくこれが神秘的知識（maʿrifah マーリファ）なのだろう。この智慧を持つが故に、詩人は他人から羨ましがられている。その智は酒場にあり、美女のいる場所にある。ただし、その入口で立ち止まり、逡巡するような人には永久に知ることのできない境地である。まさに、「悲しみの苦悩を恐れるものは誰でも　その愛は正しくない」のだろう。まして、「彼女の唇を思い浮かべながら酒を飲むとき　自分のことを意識している……」に至っては、言わずもがなである。ここで、もう一度、本書の冒頭で紹介した蛾の話を思い出していただきたい。乾坤一擲、命をかけて蝋燭の火に飛び込んだあの蛾の話である。これは真に体験した人だけに知ることのできる境地の話である。ハーフェズは、この詩の最後のところで、大胆にも自分のすべての叙情詩（ガザル）が叡知の粋であるという。そして、それを獲得することこそ人生の究極の目的なのである。

本章では、ハーフェズの人生観のさまざまな側面を知るために、いくつかの詩を紹介した。まず人間存在の意味について、私たち日本人にもわかりやすい現世を「無」と捉えるような立場を見た。もちろん厳密に言うと、例えば仏教の無常観、縁起論などとは内容は異なるのだが、詩人の心はこの世以上に明らかに来世にある。現世の繁栄を儚む、移ろいやすく頼むに足りないものである、と捉える心情があるようだ。あるいは、筆者は日本人であるのでこのように考えるのかもしれない。

次に、以下の章でさらに多くの事例を紹介するが、神秘主義の詩において、恋、酒はきわめて重要なテーマである。ただし、これまで見てきた文脈で理解するかぎり、その意味は字面どおりの意味に解するよりは、背後にある奥義を感じ取ることが重要であるように思う。日本では飲酒は生活の一部であり、節度を保って楽しむ人に非難の言葉が浴びせられることは通常ない。しかし、イスラーム世界では、飲酒したからといって背教の罪のように「大罪」として、その罪が未来永劫許されないわけではないとはいっても、飲酒は厳しく禁止されており、信者たちが酒を飲むことはない。理由は飲酒に伴う酩酊の状態によって理性の働きが正常な機能を失うためである。理性の問題は、神秘詩を読む際にきわめて重要な意味がある。つまり、神秘詩は私たちが通常考えている「理性」を否定、ないしはこれに挑戦するように見えるからである。恋も飲酒同様の働きを持つ。人間のある意味で常軌を逸した感情の吐露を真理に到達するための条件としているように見える。この強烈な感情の息吹に直面して、理性は力を失うのである。特に私たちが生きる現代社会においては、このような強烈な感情の表出の前に、理性の権威は無残にも地に落ちてしまったように感じる。理性の権威が打ち砕かれるとき、何か未知の領域が開けるかも知れないのである。それでは、以上を踏まえて、次章では酒、恋に関する詩を紹介しよう。

第6章……酒と恋と
——遊興か求道か

第3章で具体的に紹介したように、イスラームの神秘詩ではさまざまなメタファーが用いられた。用いられる言葉は通常の意味ではなく、むしろそれとは対極の境地を示すことがしばしばあった。そのように解釈しないと真意が伝わらないといったほうがよいかも知れない。例えば、「唇（lab）」とは神の生命を与える本質を表し、人間を活かすことを意味する（本章、最後の詩参照）。また、「酒、ワイン（sharāb, bādeh,mei）」は真に愛されるもの（神）の権限による神秘体験、エクスタシーを表し、「酒場（meikhāneh）」とは神秘主義者の心を意味しており、愛が住まう場所である。

もちろん、これらの語が常に同じ神秘的な意味で用いられるわけではないが、文字どおりに解釈した場合と神秘的に解釈する場合では、全く異なった意味になることがしばしばある。したがって、表向きの意味に取れば単なる叙情詩であって、恋心を表しているように見えても、実は神に対する強烈な愛を表現すると解釈されることがあった。飲酒に伴う酩酊状態も同様で、これは不道徳なことではなく、それどころか、心から愛する神に対する熱烈な愛の表現、心酔した状態の表現であるとされる。無論、そのまま解釈しても特に問題はないように見えるので、不謹慎と言われるかもしれないが、イラン人の間では文字どおりに解釈されて楽しまれてきた。というのも、イスラーム世界で飲酒などが厳しく取り締まられたことはあったが、同時に酒を好んだ支配者の存在はなんら特別なことではなかったからである。

例えば、パハラヴィー王朝（一九二五〜七九）の統治期間、特に第二代目ムハンマド・レザー・パハラヴィー（一九四一〜七九在位）の時代にアメリカ文化が奔流のように流れ込み、「魅力的で活力に溢れる」アメリカ文化、中でも映画、ファッション、バー、ポルノなどは若者の間で広範に受け入れられていた。この事実を非難しているのではない。むしろ普通の人間性の一面を表していると言ったほうが良いだろう。同王の統治時代に繁盛したバーやキャバレーの「残骸」が、一九八〇年代に筆者がテヘランの街の調査をしたとき、まだ多く見られた。現在でもアルコールを「常備」している中流以上の家庭はまれではなく、筆者の友人はハイネケンを数箱倉庫に「秘蔵」していた。筆者はイスラーム圏を旅行するときはアルコール類を一切飲まないので、友人の勧めを断るのが常であった。

ともあれ、酒と恋の詩は読者の嗜好によってどのようにでも読めるとはいっても、本書では酒と恋の歌が秘める神秘的な奥義に注目しながら、いくつかの事例を検討したいと思う。

ああ心よ　一瞬たりとも愛と酔のないことがありませんように
そして行きなさい　すると存在と非存在とから逃れることができるでしょう
もし命を体の内に見るなら　その仕事に励みなさい
あなたが見るすべてのキブラ（礼拝するメッカの方向）は　自己中心にまさります
そよ風のように弱く無力であっても　快活でありなさい
（恋の＝神の）道において思うのは　健康にまさります
神の道では　青二才は異端の徴《しるし》
そのとおり　酒の道は機敏さと素早さ
理知（fazl）と理性（ʿaql）で見るかぎり　神智を得ることはありません
一つだけ言っておきます「己を見ないように　そうすれば救われるでしょう
愛する人の家の門口で　天のことを考えてはいけません
高みの絶頂から地面へと　落下するでしょう
たとえ刺が（あなたの）命を減らすことがあっても　薔薇が赦しを乞うでしょう
酔の味に比べれば　酒のにがさは大したことではありません
スーフィーは酒盃で飲むが　ハーフェズよ　大盃は避けるようにしなさい」

おお　袖の短い者よ　いつまで（酒に）手を伸ばすのですか
（叙情詩四三四）

前半では、中途半端に恋の道を歩む者を戒めているように見える。酒を飲むにも、恋をするにも徹底的にやること、いつでも酩酊の状態にいなければならない。偽善の宗教家（袖が短い神秘主義者）が来ても気にすることはない、ひたすら恋の道に邁進すればよいと言っているようである。前章の最後の詩にもあったように、宴会で酒を飲みながら美女に思いを捧げている時に、ほかのことを考えるような人は、どうにも救いがたいだめな人なのである。しかし、よく見てみると、結局、詩人の言葉からわかることは、恋の道（神をしたい求める求道の道）において、理性、すなわち理知の働きを残しているようでは、決して目的を達成できないと言っているようにみえる。恋の道（神を求める狂った激情（シェイダー、sheidā）すがら、節度を求める理性のささやきが聞こえる。

なぜ理性は、理性的な人間にとって真の智慧の獲得の障害となるのだろうか。この問題は次章で詳しく述べるが、理性の働き、合理的思惟はイスラームで全面的に否定されることはない。特にシーア派でそうである。他方、イスラーム世界では、哲学者ですら、大半は理性の限界を認めていたという指摘もある。というのも、理性の働き、つまり人間の知能による判断が中心になってしまうと、逆に人間にとって弊害が多く生じるからである。したがって、イスラームの哲学者は常に猜疑の目にさらされていた。けだし、哲学とは合理的思惟に従いながら、言葉を用いて「真理」を解明する作業だからである。愚かな人知の働きを過信して、挙句の果て、神の存在そのものを否定する立場に「迷い込む」かも知れないのである。その結果、神から遠ざかり、神智（マーリファ、ma'rifah）から切り離されてしまう恐れがある。逆に、富を放擲して、愛されるべきもの（恋人＝友人＝神）に対してのみ跪拝することによって、愛は達成される。「一つだけ言っておこう　己を見ないように　そうすれば救われるでしょう　愛する人の家の門口で　天のことを考え」てはいけないのである。要するに、余すところなく、全面的に自己を放棄して、恋人の愛を求める者だけに神秘の扉が開かれるのである。途中何があっても、苦難の先にある「酔の味」は、ただ体験者にのみ許される特権なのである。

詩の演奏

バラの時節《とき》に　私が酒を捨てることなど
決してありません
私が理性（'aql）を誇るって？　そんなこ
とを誰がするでしょうか

楽師はどこにいますか　禁欲と知識のすべてを
琴とリュートと葦笛の音に捧げましょう
学問所（madrasah）のいざこざには　もううんざりです
しばしまた　恋人（ma'shūq）と酒（mei）に身を捧げましょう
時間に誠意のあることなどあったでしょうか
私は　ジャムシードやカーウースやカイについて語ります
審判の日に　私は通達（nāmeh-ye siyāh）を恐れません
彼の（神の）恵みの知恵によって　百もの通達を折りたたみましょう
朝の使いはどこにいますか　私は夜の別れの嘆きを
あの幸福な夜明けに訴えます
友が（神が）ハーフェズにこの命を預けました
いつか私は彼の（神の）顔を拝し　彼に仕えるでしょう
（叙情詩三五一）

だから詩人は酒を飲むことをやめない。これまで蓄えてきた学者としての知見、知識をすべて神の宴会のために捨て去る覚悟ができている。ハーフェズの経歴について、第4章で触れたように、モルタザー・モタッハリーは、ハーフェズは神秘的体験をした悟得者（アーレフ）であることを容認しながらも、彼の本質は宗教学者であったと推測している。この推測の是非はともかく、そのような人物が「学問所のいざこざには　もううんざりです」と述べている。弊害を避けるために、権力や大組織の仕組みに埋没しないようできるかぎり距離を置く努力をしてきたつもりでも、長年大学という閉ざされた社会で生活してきた筆者には、今この心情がかなりわかる気がする。身につまされる感がある。詩人は、頭を、つまり理性を使った、空虚な言葉を用いてなされる議論に疲れているのである。

残された道は恋人と酒である。真の実在との直截的な交感によって、実在の喜悦を得ることができる。皮肉な見方をすれば、理性の世界にどっぷり浸った体験が、そして、そこから生じた矛盾的状況が今の心情に導いたとも言える。ともあれ、この後、詩人はとてつもない思いを吐露している。「審判の日に私は通達を恐れない」というのだ。周知のように、イスラーム教徒の信じるところによると、人間が生きている間、彼には常に二人の天使がつきまとい、両肩に位置を占めているそうである。二人の天使は、人間の善行と悪行のすべてを記録することになっている。天使は最後の審判に際して、アッラーの前でこの記録簿を開示する。そして、すべての信者はアッラーに対峙して生前の行為に応じた審判をこの記録簿に基づき仰ぐ。善行がより多かったものは天国へ、逆に悪行が勝った者は地獄へと送られるのである。神の愛の中にある詩人にとっては、もはや行為の記録の通達（黒い手紙、nāmeh-ye siyāh）は意味を持たない。そんなものは怖くもないし、開いても閉じても同じである。もと

詩の演奏

もとこの生命、人生など、神が自分に託したものであるし、自分は神に出会って神とともにあるとき、それを元の本来あるべきところに返せばよい、というのである。

昨夜　秘密の声が　酒場の隅から
告げました「罪を許しましょう
酒を飲みなさい」
神の恵みは　自らの業《わざ》を行います

ソルーシュ（天使）が　恵みの良き知らせをもたらします
この青二才の知恵を　酒場に持って行きなさい
ルビーの（紅の）酒が　血をたぎらせるまで
彼女と一体となることが　努力によって果たせないとはいっても
おお　心よ　できるかぎり努力をしなさい
神の恩寵は　私たちの罪より多いのです
縛られた秘密の点が　なぜわかるのですか　黙っていなさい

私の耳と友の（恋人の）巻毛の束　私の顔と酒売の扉の土
ハーフェズの遊興は　それほどの罪ではありません
王の寛容で　過ちを隠してください
シャー・ショジャーの行った宗教の裁き
聖なる霊よ　彼の命令を聞いてください
おお　最上天の天使よ　彼に知恵を与えてください
そして邪視（khatar-e chashm）から護ってください
（叙情詩二八四）

この詩は一見してわかるように、ハーフェズが現世的には最も幸せであったシャー・ショジャー王（一三六四〜一三八四）の時代に同王に捧げられたものであろう。第3章で概説したように、この時代に同王の庇護の下にあって、自由闊達に詩作ができた。したがって、詩人の能力が最も発揮され、成長した時期であった。ただこの詩についても、表向きの頌詩の形式と同時に、詩人の中心的関心が明瞭に表現されている。最も重要と思われるのは、神との合一は「努力では与えられない」点である。世界に存在するさまざまな宗教において、人間自身の努力による救済、すなわち自力か他力かの選択は救済の鍵である。我が国で主流となっている念仏系の仏教においては、専修念仏による阿弥陀如来の慈悲による救済、つまり他力本願の考え方が有力である。キリスト教においても、パウロなどは徹底したイエス・キリストの愛、神の愛、恩寵による救済を説いたわけで、「ローマ人への手紙」に記された「義人は信仰によって救われる」の言葉はあまりにも有名である。逆に、ヤコブの書いた書簡に見られるような、行為による信仰の証明はあまり重要視されなかった。ヤコブは、「ヤコブの手紙」第二章一七〜一八節で、

信仰もそれと同様に、行いを伴わなければ、それだけでは死んだものである。しかし、「ある人には信仰があり、またほかの人には行いがある」と言う者があろう。それなら、行いのないあなたの信仰なるものを見せてほしい。そうしたら、私の行いによって信仰を見せてあげよう。

と述べていた。マルチン・ルター（一四八三〜一五四六）がこの手紙を「藁の書簡」と言って軽視したことは有名である。このようにキリスト教においても、自力と他力の悩ましい問題があったのである。

イスラーム神秘主義（スーフィズム）においては、すでに第2章で示したように、一定の段階まで、すなわち信者が一念発起して求道の決意をしてから、神智に至る階梯を一歩一歩上ってゆく過程では、自力の要素が不可欠である。しかしながら、一定の段階に到達してしまうと、もはや自力による救済

は意味を失うように見える。「彼女と一体になることが努力によって果たせない」のである。「できるかぎり努力」をして救済の入口まで達しても、それ以降は神からの「働き」、「恩寵」によるほかない。人間には「縛られた秘密の点」を知る由はないのである。できることといえば、沈黙を保つことだけである。ただし、その過程で人間が犯す罪については、恩寵の神がお許しくださると考えている。おそらくシャー・ショジャーは神の存在と重ねて読めばいいのではないだろうか。ここでもハーフェズは、巧みに現世の事柄と神智の領域をいずれにも解釈できるように表現している。しかし、求道者たちが神の立場から読むときにのみ、誤ることのない神智の世界を表現しているものとして受けとめることができたのだと思う。

ハーフェズは自らを遊蕩者(レンダーン)と好んで呼んだ。ここで遊蕩者を扱う多くの詩の中で、二点ほど短い作品を紹介しよう。

もう一度戻ってください　そして私の心の友であってください
この燃えたぎる者のために　隠された秘密の友であってください
愛の酒場で売っている　あの酒によって
私に二―三杯の酒をください　そして言いなさい　ラマダーン月だ　と
おお求道の霊知者よ　修行衣に火をつけるとき

努めなさい　そして遊興者の長（sar-e holqah-ye rendān）でありなさい
「優しい心で思っています」と恋人が言えば
答えなさい「今まいります　健やかにお思いください」と
命を与えるあのルビー（赤い唇）を後悔して　私の心は血となりました
おお　愛の宝石箱よ　封印されたそのままであってください
悲しみによって　彼女の心に　埃がたまらないうちに
おお　涙の洪水よ　手紙の後から流れなさい
世界を見る酒盃を希求するハーフェズよ
告げなさい　ジャムシード王のアーセフ（宰相の名前）の目に留まるように

（叙情詩二七二）

チューリップの周りで酒盃をとって　偽善のないように
悩ましい花の香りの中で　そよ風の友でありなさい
四六時中　酒の友であれとは言わないけれど
参月《みつき》は酒を飲んで　九ヶ月は敬虔でありなさい
あなたの愛の同行《どうぎょう》である老人が　酒を勧めるとき
飲みなさい　そして神の慈悲を待ちなさい

ジャムシードのように　隠された秘密に達したいのなら
来なさい　世界を映す酒盃の友でありなさい
蕾のように　世界のことが閉ざされていても
あなたは春の風のように　結び目を解《ほど》く人でありなさい
人から誠意を求めてはなりません　言葉に聞き従わないのなら
無駄にシーモルグや錬金術を求めることになるでしょう
ハーフェズよ　知らない人の従順な弟子になってはいけません
しかし　敬虔な遊興者（rendān）の友
でありなさい
（叙情詩二七四）

酒と青年

ラマダーン月とは、イスラーム暦の第九月、断食の月である。その月の日中、すなわち日の出から日没まで、通常の食物や水分ばかりでなく、厳密には唾液を飲み込むことすら禁じられる。断食は、イスラーム教徒にとって信仰上の最も基本的な義務である六信五行と言われる儀礼と行いに関する規定のうち、五行の一つに数えられる。例えば、日本にいる中東出身のイスラーム教徒の中には、礼拝を必ずしも厳格に守らなかったり、アルコールの禁を破ったりする人が時々見られるが、筆者の知るかぎり、断食は多くの人によってかなり厳密に守られているように思う。純粋に信仰を根拠に守る人や、これまでの習慣に従うとか、健康に良いなどの理由があるようだ。断食は、食物を自主的に絶って空腹を体験することによって、神の恵みである生命を維持する食物の貴さを実感することを目的としてなされる。その功徳について、グルーネバウムは『イスラームの祭』の中で次のように説明している。

ガッザーリーは、断食が特に功徳の高い行為とされることの説明として、断食が他のあらゆる敬虔な行為と違って、神のみに見える行為であるという事実を挙げている。さらに、断食はサタンを倒すための、有効な手段でもある。というのは、サタンの武器である情欲は、飲食によって強化されるからである。……

ハーフェズはそのラマダーン月に、こともあろうに「私に二―三杯の酒をください」などと言っている。敬虔な信者にとって、また通常のイスラーム的常識からはとうてい出てこない発想である。このような表現はペルシア語を解する人々を著しく困惑させ、ハーフェズの異端性、逸脱の根拠とされた。

しかし、すでに繰り返し示唆したように、さらに次章で詳しく述べるように、これは詩人にとって神の真理、神に関する智慧を人々に伝えるいわば、究極の手段であった。あえて自らをレンダーン（「遊蕩者」「遊蕩児」）などと自嘲的な表現を用いることによって、逆に世間一般の常識を打ち破る手段としている。遊蕩者であることは、むしろ逆説的に偽善から遠ざかることであり、「隠された秘密」に達することなのである。これは言葉の魔術であり、これによって人々の想像力が掻き立てられて、これまで気づかなかった真理への入口が示される。

ペルセポリス（タフテ・ジャムシード）

上で紹介した二つの詩の中で用いられた「ジャム」「ジャムシード」は、イランの伝説的な王である（さらに、上記のカーウースやケイも同様である）。この人物については次章でさらに詳しく述べるとして、ハーフェズの詩にはこのように古代イランのシンボルがあちこちで用いられる点が特徴である。この点で、イラン文化についてあまり馴染みのない読者には理解しがたいところがある。これは詩だけではなく、イスラームの解釈、日常信仰生活のレベルでも明白に現れている。例えば、ハーフェズの生まれたシーラーズに近いペルセポリス（タフテ・ジャムシード＝ジャムシードの王座）に見られる古代イラン、アケメネス王朝の栄華の跡は、今もイラン人の誇りである。拙著『シーア派イスラーム——神話と歴史』の副題として「神話と歴史」をつけた理由の一つとして、イラン人の宗教（十二イマーム派シーア主義）において、預言者ムハンマドによって開始されたイスラームの伝統を意識的、あるいは無意識的にイスラーム以前の伝統である古代イラン的神話のモチーフに結びつけて解釈しているように見えることを示す意図があった。

ジャムシード以外にも二番目の詩で用いられた「鳳凰」とはシーモルグ（sīmorgh）のことで、文字どおりには「三〇羽の鳥」という意味である。この鳥に関する話は、本書の冒頭に掲げた「蛾の話」で紹介したアッタール（Farīd al-Dīn ʻAṭṭār／一一二〇?～一二二九?）による『鳥の議会』に登場する。もともとはフェルドウシーの『シャー・ナーメ（王書）』に登場する幻の怪鳥である。最初、多数の鳥たちがホッドホッド（ヤツガシラ）の勧めに従い、永遠の真理（神）を求める旅に出かける。鳥たちは想像を絶する艱難に遭遇しながら求道の旅を続けるものの、次々と脱落してゆく。脱落する者は、それぞれ言い訳をして去っていった。結局、最終的な目的地に達したのはわずか三〇羽の鳥（シーモルグ）だけであった、という話である。その三〇羽の鳥を表す「シーモルグ」の語が、そのまま幻の鳥（鳳凰）の名になったのである。

少し話がそれたが、本章で紹介したいくつかの詩の中で用いたモチーフ、酒、恋、遊蕩などは、文字どおりに理解することができる一方で、やはりその背後に深い神智の奥義を示す、あるいは聴く人にその奥義に至る契機を与えるために用いられたことを示すのがポイントであった。

ハーフェズの詩は現在でも一般の人々の間で愛唱されている。さまざまな詩が、さまざまなバージョンの曲に合わせて歌われている。本章の最後に、現在イランで人気のある恋の歌をもう一つ紹介しよう。筆者の知るかぎり、最も多くのバージョンで楽しまれている歌の一つが「あなたを思うと悲しくなる（ゴフタム　ガメ　ト　ダーラム gofṭam gham-e to dāram）」であろう。六〜七バージョン以上あると思う。中でもムハンマド・レザー・ロトフィー（Muhammad Rezā Lotfī）の作曲したものが一番人気であるが、この歌の内容である優しさが人気の秘密である、という。

「あなたを思うと悲しくなる」と私が言えば
彼女は「あなたの悲しみは終わりますよ」と言う
私が「心の優しい人たちのするように（あなたも）してください」
彼女は「美人はあまりそういうことはしないもの」
私が「あなたのことを思わないようにしています」
彼女は「美人は盗人のよう　別の道から入ってきますよ」

私が「あなたの髪の香りは　私の世界を狂わせます」
彼女は「ご存じかしら　彼女はあなたの道案内にもなることを」
私が「朝の風から吹く空気は　心地良い」
彼女は「愛する人のもとから吹くそよ風は　心地よい」
私が「あなたのルビー（赤い唇）の甘さは　私を熱い思いで悩殺する」
彼女は「あなたは奴隷になりなさい　すると彼女が養ってくれるから」
私が「あなたの慈悲深い心は　いつ和解するのですか」
彼女は「その時が来るまで　他《ほか》の人に言ってはいけません」
私が「あなたは楽しい時が終わるのを見ました」
彼女は「ハーフェズよ　黙っていなさい　その悲しみも終わるから」
（叙情詩二三一）

この詩では、恋人に対する思いが届かず、苦しむ人の心情が表現されているように見える。恋心を伝えても、見ないようにしても、肩透かしのような答えが返ってくる。恋する人は相手のつれなさに苦しみ、また悲しむ。ごまかして相手に注意しないようにしても、「盗人」のように彼女はどこからでも入ってくる。小手先の手段でどうにかなるものではない。一説によれば、次の官能的な表現「あなたの髪の香りは　私の世界を狂わせます」に対する答えは、それは狂わせる力ではなく、逆に「道案内」であって、彼女の（神の）優しさ、慈愛が表現されているという。恋人の小径から吹く風は「心地よく」、恋人の紅い唇は、実は「悩殺」させるのではなく、奴隷を養うのである。すると、この詩も、これまで同様、恋人を神、彼女への愛を神に対する愛と解釈すれば、そこには深遠なる神智、イルファーンの世界が広がっていることがわかる。ただ、通常の恋に悶え苦しむ人の様であると理解し、そのあとに訪れる甘美な愛の感情と捉えてももちろん問題はなく、筆者の見るかぎり、そのような解釈がなされている場合が多いように思う。

第7章　神智と理性
——信頼できない分別知

1　ハーフェズと賢者

ハーフェズの詩の検討の最後に、神智と理性に関連するものを読みながら両者の関係を明らかにしたいと思う。ハーフェズの詩集『ディーワーネ・ハーフェズ』の中に収められた詩の中で、およそ三〇ばかりの詩において本章のキーワードである「理性＝アクル、ʼaql」「理性的な人、正気な人＝アーケル、ʼāqel」が用いられている。すでにこれまでに紹介した詩の中でも、理性の語を用いるものがあったが、本章ではこの点をさらに詳しく検討したい。すでに第1章で述べたように、本書の最も重大な関心は、理性や理知の働きは人間が信じているほど確実なものでも、信頼できるものでもないのではないか、という疑いであった。一九世紀に西洋のいくつかの限られた国において極点に達した理性的、合理的な思惟法に対する懐疑である。近代的人間の哲学的思惟の出発点がデカルト的懐疑にあったのであれば、その方法に従うかぎり、懐疑の方法によって到達した合理的思惟の方法と結果に対しても懐疑することが必然的に求められるであろう。この意味で、本章は本書の核心をなすと言ってよい。

一般に、理性は感覚的な対象に対応する能力に対して、概念を用いて思惟する能力を指す。第1章で検討したように、概念化は言語を用いて行う他ない。ところで、理性（アクル）は、イスラームのシーア派では信仰の原則（osūl-e dīn）の一つに数えられている。近代西洋的な意味での理性とは必ずしも一致しないが、直感的、非論理的に物事を把握する態度とは対照的に、人間の本性は「合理的」判断をその特徴とすると考える。後述するように、十二イマーム派シーア主義におけるイマームの四大伝承集の一つ『十全の書（*Osūl-e Kāfī*）』によれば、理性は神によって与えられたものとされる。イスラームでは、唯一絶対の神によってすべてのものが創造されたとするので、理性も神に起源を持つと考えるのである。特にシーア派では、理性の重要性は、法学的解釈における理性の行使を許容する（法学の用語でイジュティハード、ijtihād、という）点に顕著である。

このように、理性の働きは人間（信者）の生活において必要不可欠な手段となるが、理性の働きに頼りすぎると、信仰との間に致命的な矛盾が生じることになる。第1章で触れたように、これが極端な形で現代社会に現出していると考えることができる。現代とは全く異なる時代と地域で作られたハーフェズの詩において特徴的なのは、人間の理性的な判断が、究極の知（神智）を獲得するうえで明らかに障害になる場合がある、と考える点である。ハーフェズが賢者とみなす人とはどのような人なのだろうか。この点を知るためにいくつかの詩を見てみよう。例外的な詩がないわけではないが、全体として、理性と神智は対立的に捉えられることが多い。この点を示す好例として、まず以下の詩を挙げてみたい。

初めにあなたの美しい光が顕れ
愛は見出され　（愛の）炎が世界全体に火をつけました
それは現れ　あなたの顔を見ましたが　天使に愛はありません
本質（'ain）はこの熱意により炎となり　アダム（人間）を打ちました
理性（'aql）はこの炎によって　火を点そうとしましたが
熱意の稲妻が輝き　世界は混乱しました
求道者は秘密を探索するために　来《きた》ることを望みましたが
隠された手が現れ　不届き者の胸を打ちました

他人はすべての運命の廻りを喜ぶけれど
私の悲しみの心には　悲しみの廻りが当たりました
高貴な命は　あなたの顎の窪みを求めます
（私の）手は　あなたの波打つ巻毛の輪に触れます
ハーフェズはその日に　あなたの愛の喜びの文《ふみ》を書きます
（そして）喜びの心の手段を　すべて消し去りましょう
（叙情詩一五二）

むずかしい詩であると思う。この詩については、幾人かの注釈者が解説を加えている。その中ですでに何回か言及したモルタザー・モタッハリーが、『秘密の散策（Tamāshāgeh-ye Rāz）』という書物の中で引用し、解説を加えている。それを知ったのは三〇年ほど前である。モタッハリーから学んだ解釈を敷衍しながら述べると、この詩では、創造の初めに光とともにまず存在したのは「愛」、特に創造者＝神に対する愛であって、それが全世界に拡大しようとした。そして、それはアダム（人間）にも移された。ところが、人間は「理性」、すなわち分別の力で「愛」を理解しようとした。「求道者（moddaʻī求める者、詐称者）」と表現されているのは理性のことで、理性は人間存在の究極の目的である「愛」の意味＝秘密を頭脳の働きを用いて探ろうとする。この人間の態度に対して「隠された手

（dast-e ghaib）」、すなわち神は、「不届き者（nā-mahram 親密な身内でないもの）」、すなわち人間の胸を打ってそのような愚かなことをしないように追い返す、というのである。

これと対照的な態度は、「高貴な命はあなたの顎の窪みを求める（私の）手はあなたの波打つ巻毛の輪に触れる」である。これは頭脳の働きではなく、「直接に」親愛なる恋人を求めるように、神の愛を求める態度である。神秘主義の究極の目的として愛があることについては、第2章で触れた。そこでは、「愛する者（人間）」と「愛される者（神）」との関係が決定的に重要であった。人間はすべてを放擲して愛の対象を求める。この境地に到達するために、求道者たちは何十もの「階梯」、「状態（ハール）」を経過して上昇するのである。その基本的性格は、決心（回心）に始まり、肉体的欲望の放棄、絶対的徳の獲得、神との合一、神智の獲得（悟得）という過程を経る。

到達した人（悟得者、アーレフ ʿāref）の状態については尋常の言葉では表現できないので、神秘主義者たちはさまざまなメタファーを用いた。

葡萄酒の輝く水で　賢者は（ʿārefī）礼拝前の浄めを行い
早朝　酒場に巡礼しました
黄金《こがね》色の酒盃が隠れたとき
お祭りの終わりの許しが　酒盃の周りで明らかになりました

嬉しいことです　苦しみから　目の水（涙）と
肝の血で浄めを行った人の祈りは
長い祈りをしていた礼拝の導師は
葡萄の娘の血（葡萄酒）で　修行衣を洗いました
私の心は　命を代価に彼女の巻毛から心の騒ぎを買いました
どんな値打ちがあったのか　この取引のことはわかりません
もし集会の導師が　今日尋ねたら
「ハーフェズは葡萄酒で浄めを行った」と伝えてください
（叙情詩一三二）

さらに、次のような詩もある。

私室に籠る修行者（zāhed）が　昨夜　酒場に行って
約束を破り　酒杯（paymānah）を手にしました
昨日　酒盃を砕いていた集会の神秘主義者が
また　一口の酒で　まともな人に（ʼāqel o farzāneh）なりました
若い頃に約束した人が　夢に現れて

年も顧みず　またもや　恋人に夢中になってしまいました
若い酒売が通り過ぎて　彼は宗教と心を奪います
彼を追いかけて　すべてのことがどうでもよくなりました
バラの面《おもて》の炎は　夜泣き鶯（ボルボル）を焼き尽くします
蝋燭の微笑む面《おもて》は　蛾の禍となります
朝と夕方の嘆きは　ありがたいことに　無駄ではありませんでした
私の雨の一雫は　一粒の真珠となりました
酒酌みの水仙（目に例えられる）が　落胆の一句を読み上げると
わたしたちの祈りの輪は　おとぎ話の集まりのようになりました
ハーフェズの住まいは　今や王の宮廷となりました
（叙情詩一七〇）

両詩とも、なんとも衝撃的な内容である。イスラームで飲酒が絶対禁忌（ハラーム、harām）であることは周知の事項である。確かに大罪ではないとは言っても、まともな信者は酒を飲まないのが常識である。なぜなら、飲酒に伴う酩酊は人間の理性的働きを奪って大言壮語するなど、さまざまな悪事を行わせるからである。にもかかわらず、最初の詩では、悟得者（アーレフ）とされる人（筆者は、ここではハーフェズ自身であると理解している）が、礼拝の前に行う浄め（タハーラ、tahārah、通常、清めは清浄な水で行う）を、こともあろうに酒（葡萄酒）で行ったというのだ。これは因習的な神を求める方法を放棄して、神秘道に飛び込むことである。もちろん、このようなことをすれば、心にわだかまりが生じて「苦しみから目の水（涙）と肝の血で浄めを行う」ということになる。「葡萄の娘の血（＝ワイン）で修行衣を洗う」と心の平安よりも騒ぎが訪れる。そう易々と平安が訪れるのではない。この賢者は通常の知の働きを放棄してしまったのだろう。おそらく、苦しい道のりであったことだろう。ことほどさように、神の真理を求める道は安易ではなく、むしろ多くの艱難を伴うのであろうから、それなりの決心が必要となる。だが、詩人はその苦しい方の道を選ぶ。字義どおりに解釈すれば、ハーフェズは飲酒したことになる。事実、そのように解釈する人は多かった。

もう一方の詩では、酒を飲んだ隠者が賢く（ʿāqel）正気に（farzāneh）なったというのだ。この人物はほんの昨日まで、自らの立場上、人々に飲酒を戒め、杯を打ち砕いていた人である。そればかりか、酒を飲んだ隠者に昔の恋人が夢の中に現れ、彼は古い恋心を思い出して気が狂ってしまった、というのである。「気が狂う（divāneh）」というのは、ペルシア語の神秘詩において常套的に用いられる神との一体化を必死に求める状態の表現である。繰り返すが、この詩についても、文字どおりに読むことができる。しかし、本書ではこれらの詩が神秘主義の比喩的な表現であると解釈する立場に立っている。ここで述べられているのは、字義どおりに解釈すればイスラームの賢者が酒場に行って酒を飲んだということである。一方、第2章でいくつかの代表的な表現を紹介したように、イスラーム神秘主義では、「酒＝シャラーブ、バーデ、メイ sharāb, bādeh, mei」やその他さまざまな語は、真に愛されるもの（神 ma'shūq）からの啓示による恍惚的な体験を表象する表現として知られ、理性、分別の基盤の破壊を意味する。「年も顧みず　またもや　恋人に夢中になってしまいました」とは、まさしく神人合一の境地を示している。常識的にみれば哀れな、身のほどをわきまえない老人は、実は人間として体験できる究極の境地にあるのだ。

さらに、同様な内容の詩に次のようなものがある。

昨夜　礼拝所から酒場へ　私たちの老師がやって来ました
同行《どうぎょう》の友よ　これから私たちは　どうしたらよいのでしょうか
老師が顔を酒場に向けている時に
私たち弟子は　どうしたらメッカに顔を向けられるのでしょうか
私たちの精進の道の廃墟で　共に暮らしましょう
このようになるのが　最初から私たちの運命なのですから
もし理性（'aql）が　巻毛に縛られる心がこれほど楽しいことを知れば
理性を持つ者たち（'āqelān）は　私たちの鎖（巻毛の縛り）に気が狂うでしょう
あなたの美しい顔は　私たちにめぐみの徴《しるし》を明らかにします

その時から　私たちの解き明かし（tafsīr）には　恩寵と良いことしかありません
あなたの厳かな心で　誰が夜を灯すのでしょうか
火のような吐息　夜毎　燃え盛る胸の痛み
私たちの嘆きの矢は　天空を過ぎる　ハーフェズよ　黙っていなさい
自らの命を慈しみ　私たちの（嘆きの）矢を避けなさい
（叙情詩一〇）

これまた驚愕に値する内容である。長老が飲酒したばかりに、弟子たちを困惑させている。「どうしたらメッカに顔を向けられるのでしょうか」とは、言うまでもなくサウジアラビア王国なるイスラーム最大の聖地、メッカのカーバ神殿のことを言っている。すべてのイスラーム教徒は一日の一定の時間にこの町に向かって五回礼拝することになっている。これはイスラーム教徒にとって基本的な五行の一つであって、教団に属する人たちがこれを忌避することはありえない。呆れたのは、彼らの弟子たちは礼拝をしないで、師の長老同様、酒場に宿るとはいかなることか……また、「巻毛に縛られる心」とは、字義どおりには、美人の巻毛にうつつを抜かすさまである。しかし、その奥義は神に心身を捧げ尽くす生活であり、そこに世間的分別がないことを示す、究極的表現である。このような極限の境地に入った人たちの心情を、分別があるために、神とともにいる楽しみがわからない賢者たち

(ʿāqelān)は羨ましがる、というのである。最初に引用した詩についてふれたように、このような内容を通常の理性で理解しようとするかぎり、全く意味をなさない。通常の「賢者」には理解不能の境地である。すなわち、常識的に解釈すれば、詩人は全く無神論者である。神を神とも思わない人物であって、神を冒涜するだけである。しかし、観点を変えると、全く異なった解釈となる。つまり、これらの詩の含意するのは、われわれのこれまで当然視してきた「合理的思惟」のあり方に対する全面的な挑戦である。もちろん、合理的精神といっても、ムスリムの場合は第1章で触れたような近代西洋的な思惟法と必ずしも同一ではない。この点は次節で、伝統的シーア派(十二イマーム派)の立場を紹介・検討したいと思う。

時代的背景を考慮した場合、このように不可解な詩人の態度の理由として、研究者によって通常つぎの三点が指摘される。①ハーフェズが神智を扱う詩を本格的に作り始めたのはモバーレズの支配した時代と言われるので(第4章参照)、この時代の厳格なイスラームの押しつけ、その結果生じた不自由さ、処罰を恐れてうわべを飾る形式主義への反発があった。もともと遊蕩者(レンド、rend)を自称する自由人ハーフェズには耐え難かったというのである。②同時に、この時代のみならず多くの偽善的な自称悟得者が横行していた事実も重要である。一般の人々のみならず、神秘主義者(スーフィー)たちは、表向きは敬虔さを装いながら、人目につかぬところでそれとは全く正反対の生活を行っていた現状に対して、疑問を感じて攻撃したというのである。一例として、第5章で紹介した「説教

師たちは　これほどの見せかけで礼拝を行うが　自室に入ると　それとは違うことをする」という句がある。神秘主義者がすべてこのようであったはずはないが、彼らの行状に対する倫理・道徳的な反発が主要な動機になっていた点も事実であろう。③さらに、モタッハリーなどが主張するように、①、②の歴史的、社会経済的、倫理的な動機と同時に、神との直接的神人合一体験に基づく、神智の表出という純粋に宗教的な側面も考慮する必要があるだろう。繰り返すが、本書は基本的にこの立場に立つ。

本節の最後に、これまで指摘したことのいわば集約として、神智を扱うハーフェズの最高傑作の一つとされる特に有名な詩を紹介しよう。

長い年月《としつき》　心はジャムシードの酒盃を　自身に求めてきました
しかも　自ら持っていたものを　他の人に求めてきました
時と場所の貝殻の外に　明らかに見られる真珠を
海岸で彷徨《さまよ》う人々に求めてきたのです
昨夜　自らの問題を　酒場の老人（pīr-e moghān）のところへ持って行きました
彼は叡知の力（nazar）の扶けを得て　謎を解き明かします
彼が陽気に笑いながら　手に酒盃を持って

その鏡（酒盃）の中に　百もの情景を眺めるのを　私は見ました
私は尋ねました「賢者よ　この世界を見る酒盃を　いつ手に入れたのですか」
彼は答えました「この天空を彩った日だよ」
哀れな者は　いつも神がそばにいてくださるのに
神を見ないで　遠くから「神よ」と呼ぶだけです
自身（理性）がここで行ったこのすべての愚かなことを
サマリア人は　杖と白い手の前で行いました
彼は言いました「高い絞首台の上のあの友
彼の罪は　神の秘密を暴露したことだ」
もし聖なる霊が　もう一度お援け下されば
他の者も　キリスト者が行ったことを　するだろう
私は彼に告げました「恋人の巻毛の鎖は　何のためにあるのですか」
彼は答えました「ハーフェズが　狂える心を嘆くからさ」
（叙情詩一四三）

ジャムの酒杯とはジャーメ・ジャムシード（jām-e jamshīd）という。古代ペルシアの伝説の王ジャムシードは多くの技芸を編み出し、神と会話ができる能力があった。しかし、自ら崇拝の対象となるこ

ペルセポリス（タフテ・ジャムシード）

とを望んだために、神の恩寵を失ってしまった。ペルシアの詩人たちは、この王にちなむジャムシードの酒杯（または鏡）を、「秘密の霊的道具」あるいは「宇宙的知識を知る器」として自らの詩の中で用いてきた。詩の中の（求道者である）「私」の心は、何年にも渡り世界の意味を知る、つまり私たちの生存の究極の目的である人生（実存）の意味を知るために、真理、知識を求め続けてきた。第5章の冒頭で紹介した「なぜ私は生まれ（やって来て）、何処にいたのかわかりません」という、人間の根源的存在理由の問いかけを思い出していただきたい。詩人は言う。それを自身のうちに求めることをせず、私はおろかにも他の「賢者」たちに求めてきたのだ。一般に、世の賢者と言われる人達は、実は「海岸で彷徨う人々」であるかも知れないのに、自分はそんな人たちに生存の意味を尋ねてきたのである。

「自ら（理性）がここで行った　このすべての愚かなこと」、おそらくその愚行の典型が、本章の最初の詩で表現される「理性はこの炎によって　火を点そうと」することである。理性にはその力がないのに、それに頼って神智を得ようとする。愛の意味を知ろうとするのである。結局、最後に「酒場の老人（pīr-e moghān）」の許を訪ねて存在の意味について尋ねた。彼は世界を眺めることのできる酒杯（鏡）を手にして、世界の初めからその酒杯を持っていることを告げる。酒場の老人とは、表向きはゾロアスター教徒の老人のことで、イスラーム教徒ではないので、酒場を経営し、酒を提供することに何の問題もない人物である。すでに指摘したように、イラン人の詩人にとって古代イラン的イメージは、イラン人の読者にしかわからない、独特の深奥で生き生きしたイメージを湧き起こさせる常套手段である。イスラーム的に誤っているかどうか、という問題ではない。枯渇した形式の問題ではないのである。

酒杯（qadah-e bādeh）とは、自らの心のことであり、酒場の老人は自らの心の中を調べている、という。つまり、私（の心）は、「いつも神がそばにいてくださる」にもかかわらず、自分の心を調べることをしないで、ただ遠くから「神よ、神よ」と呼び叫ぶのである。このように惨めな人間の状態を描写する、と解釈する立場が一方である。他方、これは人間の惨めさではなく、逆に人間の潜在能力を表しており、人間は己の内部を開くことによって真理を見る、すべてを見る、という解釈もある。人間が大世界（'ālam-e kabīr）と言われるゆえんである。つまり、人間の内面をその最も深い淵まで調べ尽くすと、そこには大宇宙的真理の世界が広がっている、という考えである。同様の考えが、古代インドの哲学にも見られることが想起されるだろう。仏教の唯識思想も同様であると思う。

以上、三章にわたってハーフェズの詩を紹介してきた。特に本章では理性と神智に関わる詩を取り扱った。ハーフェズの詩集『ディーワーネ・ハーフェズ』の中に類似の事例はほかにもあるが、以上である程度の特徴を示すことができたと思う。

では引き続き、次の節ではこれまで紹介してきたハーフェズの詩に見られる理性（ʿaql）の意味をさらに明瞭にするために、十二イマーム派シーア主義における理性の伝統的理解と比較・検討してみたい。

2 イスラームにおける理性（ʿaql）——十二イマーム派シーア主義の場合

十二イマーム派の四大伝承集の一つ『十全の書（オスーレ・カーフィー、*Osūl-e Kāfī*, ペルシア語、Usūl min al-Kāfī, アラビア語）』には「理性と無知の書」という一章がある。それによれば、理性の働きの第一は、「神を知る」ことであることがわかる。神を知るとは、具体的に言えば、『コーラン』に記された創造の行為、ならびにその意味（最後の審判や人間の正しい行為を含む）を知ることである。この点に関しては、イスラーム教徒が踏み行うべき六信五行の中で、唯一絶対の神の存在を受け入れ、最後の審判を信じることが明らかにされている。イスラーム信仰の核心は、唯一絶対の神がこの世界にあるすべてのものを創造し、そしてその世界には終わりがあることを信じることである。これを信じるためには、それを信じるようにする手段が与えられていなければならない。

『十全の書』によれば、理性（'aql）は創造の初め、神によって与えられたもので、これによって善悪を判断する（一四節では、七五の対立する徳と悪徳が列挙されている。七五ある徳の長は、理性で、悪徳の長は無知（jahl）である）。また、理性の働きによって人間は知識（'elm）を得ることができる。人間には二つの導きの証（hojjah）があって、明示的な証は預言者ムハンマドと（一二人の）イマーム、隠された証はアクル（'aql、理性）とされる（一二節）。つまり、ムハンマドやイマームは、シャリーア（イスラーム法）など外的な聖法の順守を教え、一方、理性は内的に神の真理を知ることに関わる。だが、大多数の人は理性に従って考えることができず、これができる人は少数派である（一二節）。理性は誤った見解や扇動などが蔓延る世界で、正しい言葉を理解させる力を持っている（二〇節）。なお、イマームとは現在イランを中心に行われている十二イマーム派シーア主義信仰の核心となる信者共同体の霊的指導者である。シーア派信仰は、イマームの役割と彼らに対する信者の敬慕の情を抜きにしては全く理解できない（詳しくは、拙著『シーア派イスラーム――神話と歴史』を参照されたい）。

きわめて重要と思われる点は、理性が神与の恵みであるにもかかわらず、これをすべての人間が行使しているとは限らず、行使したとしても（正しく）行使していない場合があることである。例えば、イスラーム法による宗教的義務（イバーダート、'ibādāt）を表面上完璧と見えるほど行う人がいても、この人が理性を行使しないで形式的に儀礼を行っている場合があるとすれば、これは正しくない。理性を持たない人間は、正常な人間の生活ができないとすら言われる。知恵（hekmat）の深さは、理性を手段として実現されるのであり、また理性の深さは、知恵を手段とすることによって実現される。このように、理性と知恵（知識）は相即不離の関係にあることがわかる。

　このような記述を考慮に入れると、ハーフェズが自らの詩の中で繰り返し理性的な人（アーケル、ʿāqel）を軽視し、それどころか、理性が神智を獲得するうえで障害であるかのように歌う理由が少しずつわかってくる。一つの理由は、おそらくわたしたち現代人の考える理性の意味と、ハーフェズの時代の人々の考える理性の間に、意味上の相違がある点である。この違いは、両時代の人々にとって生きることの意味をめぐって重点の置き方が相違するために生じていると言えるだろう。つまり、一方は人間の能力を可能なかぎり開発し、人間存在の意義を考えるとき、理知の働きを極限まで重視する立場であり、他方は、あくまで人生の目的として人間の外にある絶対的存在である神の真理を知ることに据える立場である。後者では、理性はその目的を達成するための手段にすぎない。もちろん、いずれの時代においても、絶対多数の人々が神に関する知識を追求することを人生最大の目的としたとは限らない。しかし、程度の差こそあれ、神の存在が生活の中心にある時代と、人間中心の時代における人々の心のあり方に相違があるのは明らかである。「先進的」資本主義社会に生きる私たちは、神の「束縛」から逃れ、物質的利益の獲得を生活の中心に据えて「無神論」的に生きることがあまり問題視されない時代に生きている。というより、もはや「神の存在」や「神の非存在」を証明することは、現代人にとってほとんど意味を持たなくなっているかの印象がある。一方、ハーフェズの時代においても、理性は本来神を知るための手段であるべきだが、これを所期の目的のために用いない人々が少なからずいたのであろう。一説によれば、理性の意味は多様であって、経済的理性（'aql-e eqtesādī）、政治的理性（'aql-e siyāsī）などがある。しかしながら、例えば経済的理性を用いて経済のことはわかっても、社会全体がわかるのではない。大切なことは、完全な理性（'aql-e kāmel）であるということ。そしてこれを体現した人が、完全な人間（ensān-e kāmel）である。理性は人間であるための根源的な条件として神から与えられた恵みであったにもかかわらず、これを十分に管理し駆使できる人は必ずしも多くなかったということである。ハーフェズが特に問題にしたのは、このような理性を正当に行使できない（少なからぬ）人々であって、とりわけ実際には理性を正しく行使していないにもかかわらず、あたかも実行しているかのように思い込んでいる人たちである。さらに悪質なのは、意図的に敬虔さを装う偽善者たち（riyākārān）である。そのような人々は、人間にとって最重要な目的である神を知るという理想を実現する手段としての理性本来の機能・役割を全く適用することなく、ますます神から遠ざかってゆくのである。これは、結果として「自己を知る」機会を失うことを意味した。

さらに、ハーフェズにとって、そのような「勘違い」の人々に対する倫理的、道徳的批判以上に重要、というより神秘詩人として当然であると感じていたのは、彼自身体験したであろう「神智」を言語を用いて表現することであった。他人を批判するという消極的側面以上に、真の悟得者にとって重要な点は、自ら体得した神の真理を直観できる人々に対して表明することである。ただし、言語を用いるかぎり、第1章で指摘したように、そこには伝達機能において致命的な欠陥があり、まして言語不信の神秘主義者にとって、そのような言語を用いることには深刻な問題があったのである。以上を踏まえて、神智と理性の問題を整理してみよう。

3 神智と理性

近・現代人の思考法、認識の方法は、人間の理性的判断に究極の根拠を置く。もちろん、人間は何らかの行動を起こす場合、「合理的」に物事を判断する。例えば、経済合理性などはその典型的なものであって、人間は純粋な経済活動のみならず、日常のさまざまな局面で「無駄がないように」、「手間は同じであってもより多くの成果が得られるように」行動する。その行動を起こす際の判断の基準として究極の価値が与えられるのは、経験や慣習に加えて、幾何学的に精緻な数学的知識であって、それを判断するのは人間である。最終的に人間自身が下す判断に究極の価値が与えられるのである。

この意味での合理性が最も典型的に現れるのが科学である。それはいつどこででも適用できる法則の発見を目指す。科学の目指すのは普遍性であり、多様な物理的条件を超越して適用可能なものでなければならない。しかし、現実の世界において、人間の知性の及ぶ範囲は依然として限定されており、むしろ近年、人知をはるかに超えた「想定外の」現象が相次いで発生している。この状況に直面して、一九世紀の科学者のように、あくまで人間の能力を楽観的に「信じる」か、あるいはその限界を容認して、対応策を講じるか、悩ましい問題があったのだ。

人類の歴史において、科学的知識が未発達の段階では、人々は迷信や魔術など、「非合理的な」手段に訴えたとされる。やがて、洗練された高級な世界宗教が現れても、この状況は必ずしも改善されたわけではなかった。人間は相変わらず宗派間の争いを繰り返し、むしろそれぞれの宗教の理想を声高に訴える分、「無神論的な」科学者たちより始末の悪い結末を迎えることが多々あった。ただ、誤解してはならない点は、そのような結末を迎えたのはあくまで人間の仕業であって、これもまた、超越者の名を唱えながらも、結局、人間の能力、判断力を過信した結果であったと言える。

宗教の本質として、多くの宗教は「超越的な他者」を信仰の対象に据えることによって、人間の能力の限界、相対性を訴えてきた。人間の能力に対する「絶対的」信頼と対置させながら、人間の能力を「相対化」することの必要性を知らしめることは、宗教の重要な使命であったと思う。絶対的な真理の前に、己の無力を知るとき、もはや自己主張は意味を失うだろう。この自覚に至る出発点にあるのは、現実に存在する価値の体系の徹底的な破壊である。物理的な破壊のことを言っているのではない。日常的生活の中で観察できる常識の転換、見直しである。この作業によって、新たな道が開けるかも知れないからである。

この点を理解するために、井筒俊彦が『イスラーム思想史』で述べた指摘はきわめて重要である。すなわち、言葉の「無意味性」に注目することである。同様の手法は禅仏教の公案にも観察できるが、すでに触れたとおり、これは言語の持つ有意味性を徹底的にパラドキシカルに提示することによって、そこから新たな事態の展開を期待することである。井筒は前節の最後で引用、紹介したハーフェズの詩の中で「高い絞首台の上のあの友」、すなわち「我は神なり（anā al-haqq）」と叫んだハッラージュ（八五八〜九二二）、さらにバスタミー（?〜八七五）などの事例を紹介する。中でも、バスタミーにおけるペルソナの転換（つまり、人間的一人称と神的一人称の転成）について述べている。

バスタミーの体験の表白はやや冗長であり、この表白自体にどの程度の信憑性を認めるのか微妙な問題である。同じことはイブン・アラビーの記述についても言える。しかし、第1章で紹介したジェームズの方法において見られたように、人間の判断において経験的要素は不可欠なので、限定的ではあっても、このような表白を一つの可能性として受けとめるに留める。

一方、ハーフェズは、例えばイブン・アラビーのような思弁的な表現を用いない。彼は詩的メタファーを用いた。本書ではハーフェズの詩には深奥な神智（イルファーン）を内包するという前提で話を進めてきた。つまり、ハーフェズの発する言葉は少なくともイスラームの伝統における一般的常識的用法ではなく、平均的なペルシア人に共有された意味領域で用いられていない、ということである。常識に基づいてこれを読めば、ハッラージュに対して当時の宗教学者が下したのと同様の判定を、彼の詩に対して下すことになるだろう。そして、彼をも絞首台に送るしかない。しかし、ハーフェズ自身豪語しているように、すべての自分の詩には「神智（マアリファ）」が含まれているのであれば、とりあえず彼の言葉に従って解釈するのも一策である。

ハーフェズがこのような言葉を用いた最大の理由は、常識の枠組みの中では永久に感得できない神の真理を、常識の枠組みを徹底的に破壊することによって開示するためであった。悟得者にはこの方法しかない。通常の因習的言語、理性の働きには、神智を理解する力がないからである。これまでの常識、因習の枠内にとどまることは、神智を体得することを妨げる。理性を導きとして神智の入口まで近づくことができたとしても、人間にできるのはそこまでである。両界には曰く言い難い、超え難い境界があるからである。少なくとも、通常の理性・分別の世界ではいかんともしがたい壁である。ハーフェズがこの壁を打ち破ることができたのは、そのような特殊な言語を発する彼自身に、神との合一体験を経ることによってのみ得られる尋常でない体験があったからであろう。

この意味において、ハーフェズの言葉に感化されて、これまで体験したことのない強烈な魂の振動を心に感じた人は、その数はさほど多くないかもしれないが、かつていたし、今もいると思う。その効果は理性的に説得する方法とは根本的に異なる、衝撃的で人間の性質そのものを根底から転換させる力を持つものである。

ところで、このような力を認めるか、拒否するかどうかは、結局、個人の感受性や究極において信仰の問題に関わってくる（第8章、R・オットーの言葉を参照）。ただし、人間の持つ認識能力とその性格上、言語を用いて表明された内容の受けとめ方は千差万別である。結局、それは「私」個人の問題なのである。神智をめぐる信仰上の立場の基本は「愛」であるとされる。ここでいう愛とは、心から愛する者との別離が生み出す、本来ともにいるべき者への帰還、合一への希求である。この希求する力は、理性的な力とは二項的に対立するため、この愛の真理を人間に体得させる方法は「非常」手段しかない。イスラームで禁止された飲酒、あるいは禁欲道では容認しえない男女の愛などである。

もちろん、すでに繰り返し指摘したように、ハーフェズの詩は、実際に飲酒し、恋人の愛を求め続けた放蕩な人間の実生活であるとして、ペルシア語を母語とする読者もそのまま受けとめて楽しんできた一面があった。このような解釈が誤っているわけではない。この種の詩は文字どおりに受けとめられた場合、それで一応の満足を得るか、または「合理的な」意味上の一貫性が欠落するのに直面して苦しむかのいずれかである。他方、これらの詩が実際に「体験」した悟得者によって表白されたのであれば、「因果関係の必然性」の支配する合理的、理性的に「秩序ある」世界観を徹底的に打ち壊すことによって、そこに新しい視点を見出す突破口になる力を秘めている。通常とは異なる「意味」

の世界との遭遇は、新しい人間を生み出す力である。一瞬にして現状の矛盾的状況を打開する可能性が、そこにはあるのかもしれないからである。しかし、この遭遇は、各人の極度に個人的な「体験」を待たねばならないのである。

第8章　神智にたどり着くのは誰か

鳥の議会

「はじめに」で紹介した蛾の話は、神智に到達する入口までの秘密をこの上なく巧みに表現している。すなわち、神の真理に関する知は、最終的に本人の問題であって、ほかの誰にも関知できないということだ。この話が載っている書物、アッタールの『鳥の議会』にはもう一つあまねく知られている話がある。すでに第6章で簡単に触れた不死鳥（シーモルグ）の話である。本章の主題を説明するのに非常に

シーモルグ

有益な話なので、もう少し詳しく説明してみよう。ヤツガシラ（ホッドホッド、hodhod）という鳥が、あるとき神の真理を知るために求道の旅に出かけることを思い立つ。そこで、仲間の鳥たちに一緒に苦難の旅に出立することを呼びかけた。多くの鳥たちがヤツガシラの呼びかけに応じて集まった。このようにして多数の鳥が神を求めて勇んで出かけたものの、しばらくすると次々と脱落者が出る。脱落の理由は、結局、現世におけるさまざまなしがらみへの執着を断つことができないことである。家族、富、地位、これらの要因は鳥たちが神智を求める道を遮った。現状に満足する気持ち、すなわち、すでに手に入れて享受するものは、これから先あるかないかも判明しないものより確実に自分にとって快いものではないか。大半の鳥たちはいったん出立したものの、途中で逡巡し、求道の旅を中断して、離脱した。例えば、美しい花園で愛の歌を歌う夜鳴きウグイスは、こう言った。自分はあらゆる愛の秘密を知っている。自分にとって愛の対象は花園の薔薇の花である。自分は彼女（薔薇の花）にお辞儀をして、彼女の存在があれば心を乱すことはない。もし薔薇の花が目の前から消え去るようなことがあれば、自分は理性の働きを失い、歌えなくなる。私のこの悲しみを知る鳥はいない。このような想像を絶する艱難にも関わらず、ただ、薔薇の花だけが私の心を知るのである。私は愛に溺れる日々を送っており、彼女を敬うことで私は十分である。彼女を求めることこそ私の現実なのである。自分の恋人は今ここにいるのであって、遠くのシーモルグではない。同様に、その他の鳥たちも、富や今の地位など、現在確実に手にするものを手放さないことが自分にとって一番幸せであると述べ、求道の旅から一羽一羽と離脱するのであった。

にもかかわらず、旅を続けた少数の鳥たちは、疲労困憊、羽もぼろぼろになりながらついに最終の目的地である不死鳥（シーモルグ）のいるところに到達した。あれほど多くいた鳥たちの数を今数えれば、わずか三〇羽であった。ペルシア語でシーとは三〇、モルグとは鳥の意味である。不死鳥の名は、実はこの三〇羽の鳥のことなのであった。

この話はまことに意味深長で、最終的に神の真理は自分自身の内にあること（第7章参照）、さらに心理に至る過程がどれほど困難な業であるか、そしてそれに到達する人の数はきわめて少ないことを示している。他方、世界三大宗教をはじめとする億単位の信者を抱えるような大宗教では、一般に「善良な」信者は、結果的にほぼ全員救いに至る立場をとる。少なくとも、救いに至る門は大幅に拡張された印象がある。イエス・キリストの言葉として、「金持ちが天国に入るのは、ラクダが針の穴を通るよりむつかしい」と言われる一方で、「すなわち、自分の口で、イエスは主であると告白し、自分の心で、神が死人の中からよみがえらせたと信じるなら、あなたは救われる。なぜなら、人は心に信じて義とされ、口で告白して救われるからである。(ローマ人への手紙、一〇、九～一九)」とパウロは述べている。限られた人にしか実践できない厳格な律法主義を退けて、神の愛を信仰の中心に据えたのである。他方、大乗仏教の「大乗」とは、まさに救いに至る大きな乗り物のことである。例えば、「ただ往生極楽のためには南無阿弥陀仏と申して、うたがいなく往生するぞと思い取りて申す外には別の仔細候わず」(法然『一枚起請文』)として、決して学者や賢者だけが救われるのではないと言っている。また、あまり知られていないが、イスラームでも、多数派のスンナ派(アシュアリー派神学)では、預言者ムハンマドの「仲裁(シャファー)」があって、地獄がふさわしいような人間であっても、何がしかの懲罰を受けてのち、ムハンマドの仲裁によって最終的に天国に入ることができる。「はたして誰が救われるのか」、この問題は神智を学ぶ上で非常に重要であるので、本章でしばらく考えてみたい。

1　悟得者の行為について

第2章で説明した「神秘への階梯」を上昇し、ついに神智を体得した人を「アーレフ(悟得者)」

という。神（あるいは超越的な存在）との合一を果たした人の具体的な体験については、他者には知りえない、と考えるのが筆者の立場であるが、その悟得者は悟りを得たあと、娑婆で何らかの行為を行う（生きる）。いわば質的に全き変貌を遂げた悟得者の行為については多くの関心が払われてきた。この点で興味深いのが仏教でいう「妙好人」である。妙好人とは、「浄土系信者の中で特に信仰に厚く徳行に富んでいる人」のことである。

一般論として、念仏系の仏教においては、他力本願を救済の基本とするので、座禅、断食など肉体的欲望を制御する手段は「自力」によって救済にいたる方途であるとして、重んじられることはない。鈴木大拙は、真宗と禅との関係という論理的矛盾を内包する二つの仏教の立場を解説するが、その過程で真宗の「妙好人」について、いくつかの実在の人物の紹介を行っている。

鈴木は『日本的霊性』の中で、越中赤尾の道宗、石見の国邇摩郡大浜村大字小浜というところの浅原才市（船大工、後履物屋）、さらに『宗教経験の事実』の中では、讃岐の庄松という三人の妙好人について紹介を行っている。

要するに、鈴木はこれらの人々の中に平凡な日常生活を送りながら、「悟得者」として真に宗教的生活を送るものがいることを「事実」として示したいのである。これは哲学や学問のとうてい及ばぬ境地であって、そこに究極の宗教のあり方を示そうというのである。

この人たちは真の宗教経験を経ているので、鈴木は「……物も心もない絶対一如の法界が現れる。

哲学者の論理よりも、無知文盲の庄松の生活に、なんだか引きつけられるではないか」という。学者のように、理性の働きを認識の過程における最後の牙城とする人々と、妙好人が対比的に描写される。例えば、

西讃岐の或同行、籠を以て庄松を招き、その晩御勤めに正信偈をよまれ、正信偈が終わるや否や、鐘をうちながら「何ともない何ともない」と云ふだけで一言もない。多くの人は何か有難い事を話すとか、まちにまちて居たに一言もないで、あてがはずれ、小言ながら皆々帰りた。主人不足を云えば、庄松、「何を云ふ、こんなに有難い話があったではないか」。主人、「何もない」と重ねて不足を云ふ。庄松、「己らは非常に有難かった、彼方にも南無阿弥陀仏、此方にも南無阿弥陀仏、実に有難かった。それでは此辺には南無阿弥陀仏より外に有難い話のある処か。己らは南無阿弥陀仏より外にはなんにもない」と云はれた。

という興味深い事例が紹介される。真の「妙好人」は己の救いについてあれこれ言わない。また、救われるのに学も何もいらない、阿弥陀仏に対する帰依のみであることを示す好例である。この点に関して鈴木はさらに言う。

「学問に汚されぬ」と云っておいたが、宗教と、学問——科学も哲学も一般の知識もみな含めて云う学問——とは、いつも対立するように出来て居るのである。学問がなくてはいけないのであるが、而して宗教意識も学問の故にその明瞭性を加えて来るのであるが、学問はいつも事実から遊離せんとするのである。この遊離せんとするところが、学問としての事実であるから、学問は学問としてまた自己の領域をもって居るわけである。然るにこの実際がよく汲みとれないで、学問が却って自己の性格・領域・職掌などをそっちのけにしてほかの領域に立ち入り、その職掌を奪い取らんとすることが屡屡ある。宗教は特に学問のこの傾向を嫌う。そこで、両者の対峙を見るのである。

さらに、同じく讃岐の庄松の例を挙げながら、

「御前達は御勤めして、如来様にきかせるつもりだから勿体ないが、己らは如来様から下さるものを頂くのじゃで、よりどころして甘いところを食うのじゃ」如何にも徹底して居るではないか。彼は、文字を使うものである、使われるものではない。学者の態度と大いに相違するところに宗教人の独特底があるというべきである。

と述べているが、確かに宗教的「境地」は、学者風情が重んじる理性の働きの彼方、あるいはそれと

は異なる働きにあるのだろうから、この指摘は真理を含んでいる。鈴木は、「霊の宗教」には二つの対立する思想が含まれているとする。例えば、

（1）「無限」の中には
対を絶するもの
般若の大智慧
無知、無分別
無縁の大悲
涅槃
遊戯自在、神通無碍
畢竟浄、明浄直
仏（神、単数）

（2）「有限」の中には
対を持つもの
分別識
見聞覚知、対象的認識
愛憎の中に生きること、倫理道義の世界
生死
業、因果、応報
煩悩熾盛、染汚、罪悪
衆生、凡夫、人、神、複数、悪魔

のような対立があるとする。上を第一系列、下を第二系列とする。これを前提として、例えば、

……小児が井に落ちたので飛んで行ってこれをすくい上げるのは、一種の布施業ではあるが、それは

まだ宗教ではない。反射的・本能的・衝動的以上を出ないでは、第一系列の意味はまだ呑み込めて居ない。宗教的施行には無分別の分別がある。所謂る、仏恩報謝の思いである。布施の意識はあるが、根がない、分別の根がない。それは、無作の作、無功用行である。

おそらくそのとおりだと思うが、鈴木個人について言えば、その解説は依然として学者風なので、本人の主観的動機はともかく、出発点から矛盾したことを述べている気がしないでもない。

一方、上田閑照には「禅とエックハルト」および「マルタは長くかつ善く生きた」という論考がある。前者で、唐末九世紀の禅の大家、趙州従諗のところにある僧がやってきて、「如何なるか是れ祖師西来の意」と尋ねたのに対して、従諗の答えは、「庭前の柏樹子」であった。二人の間の会話には論理的な連関が切れていて、断絶があるとされる。同様に、キリスト教信仰においても「何故に神は人となり給うたか」という質問に対して、エックハルトは、神の行為は「何故なし」であると答えた、という。禅の例では、「西来無意」は、祖師西来に何か意義を求め、それによって禅をつかもうとするあり方を徹底的に否定しているとする。そして、

かくして、「何故なし」を答えとして取り上げてみると、エックハルトと禅とのはっきりした相応があらわれてくる。実際、「何故なし」「無意」その他、無相、無形、無名、不可称、不可説、不可思議

等々、否定的表現を駆使するいわゆる「否定神学」的領域では、エックハルトの考え方（しばしば神秘主義と言われる）と禅仏教とが深く一致している。

と述べている。上田はエックハルトの思想と禅の思想とが通底する点を明らかにすることに腐心しているが、そこで「突破」の教説を強調している。名を持ち、相を持っている神は神ではないとして、「三位一体」の背後にある一そのものとしての神を見て、「神の根柢」を目指す。そこで、エックハルトは人間に対して、神との合一だけではなく、「神を捨てよ（gott lâzen）」という。この「神を捨てよ」という主張は、「神の真に無相なる自体への突入であると同時に、神との合一になお残る人間の自我の最後の放棄である。」と上田は述べている。そして、

……エックハルトは以上のように書きながら、事に当たって神も人間も実際に姿を消すということはない。神の自体の無相性が強調されながら、そこでは神も神でない—非神（ein nihtgot）と、結局、否定神学的に言われるに停まり、事実神が無相に帰し、神としての蹤跡を没することはないのである。神は不可説なる故に神について沈黙せよ。それが人間の真の自己放棄であると説きながら、事実神を語ることをやめない。却って「私は神を語ることを好む」とさえ言う。否定の遂行においては禅のほうが事実上徹底的である。

と述べている。筆者は「禅のほうが事実上徹底的」なのかどうかについての判断はできないが、この「神について沈黙」することの意義については、強い関心を持っている。この点は後に触れることにする。

以上の議論の当否はともかく、上田はさらに、「マルタは長くかつ善く生きた」の中で、「……肉身をもって現実に生きる現身のこの人間はどうなるのか」というきわめて重要な問題を提示している。話は「ルカ伝」第一〇章三八〜四二節の有名な箇所である。客の接待をせずイエスの言葉に聞き入っていた妹マリアが正しいのか、客の接待に専念して、現世での行動を重んじた姉マルタのほうが正しいのか、通常、答えは四一〜四二節のイエスの言葉に求められる。

すなわち、

主は答えて言われた「マルタよ、マルタよ、あなたは多くのことに心を配って思い患っている。しかし、無くてはならぬものは多くはない。いや、一つだけである。マリアはその良い方を選んだのだ。そして、それは彼女から取り去ってはならないものである」。

常識的な解釈では全く問題がないように思われるこの箇所で、マルタがマリアに対して不満を表明したかに見える箇所、すなわち「主よ、妹が私だけに接待をさせているのを、なんともお思いになりませんか。私の手伝いをするように妹に言ってください」について、エックハルトは、これがむしろマリアの法悦に溺れる信仰生活の危険と見てとり、マルタの言葉は、「愛の叱責（minne-schimpf）」であるとした。さらに、「実生活はもっとも高貴な認識を与える」として、

生活の真中で「徳を行ずること（üebunge der tugende）」、すなわち「事実の練磨」によって高くしかも具象的な認識に達した異教の教師たちを賞賛する。このように他者への愛と具体的な差別相を弁別し得る生きた認識からマルタは「主よ、彼女に命じて我を助けしめ給え。」と言ったのである。

以上のエックハルトの解釈に関して、上田は次のように述べている。

エックハルトはマリアの在り方に神との合一に沈潜する立場を、マルタの在り方に合一を前提としてその合一から立ち上がり神を去った立場――神性の無に徹すること「と一つに」現世界の実生活に還った立場を見たと解釈し得るであろう。それも諸脈略の連関がそのような解釈へと導くと言っていい。それは、神との内的な合一を内に向かって破って却って真に外に出た場合（その外は同時に内よりもさらに内である）、神との合一の恍惚から真にさめた在り方、すなわち神性の無へと覚めると同時に現世界へと醒めた立場である。ここに神秘主義の伝統のうちから神秘主義の身心脱落、あるいは非神秘

主義とでもいうべき一つの新しい境地が展開されていると見ることができるであろう。

また、(合一の方向と受肉の徹底という二つの方向について)、

……いずれの方向においても神との合一から「神なき処」に徹底してゆく。向上としては神との関わりを絶した彼岸に超絶して「神を空却し切った(gotes ledic)」絶無の無であり、同時に、その絶対の無は非対象的に生の直下として、向下的に神との関わりを離れて此岸に転還し「神なしに生きる(leben âne got)」。いずれの方向においても「恩寵の脱落(Entgleiten der Gnade)」ということが積極的意味で語られる。恩寵の脱落こそ恩寵の成就である。

この立場は、上記の鈴木による「妙好人」の理解を支持するものであり、神との恍惚的合一に沈潜しないで現実世界に生きる態度を一層徹底した、真に神の恩寵を受けた状態であるとする。「非神秘主義」と言われる。ちなみに、上田は鈴木大拙をまさにこの意味での非神秘主義に生きた一人の人物と捉えていたようである。以上、長々といくつかの宗教神秘体験の理解について述べた。これはあくまで前章までに述べたことをより深く理解する助けとするためである。

とまれ、神との合一体験を果たした人について論じることは至難の業であって、理性的、合理的言

葉を千万語用いて説明しても不可能であると考える。通常、「体験」はきわめて難解な言葉、表現を用いて表される。常識的な語法では理解できないメタファーが用いられることもある。もちろん、通常私たちの言葉は理性に訴えなければ「意味」が生じないのだが、メタファーは、これまで私たちが信頼してきた理性的言語を一笑に付してしまうことがしばしばある。この点を第5～7章で酒、恋、偽善などをテーマとするハーフェズの詩を実例として示しながら説明したのである。

2 それでは、誰が救われるのだろうか?

理屈はだいたい上のとおりである。通常私たちが上のような説明を聞いても、なんとなくそういうものがあると感じ、そして私たちはその入口あたりまで行く理論を知るのである。が、通常良くてもそこまでである。繰り返すが、神智に到達するのは一〇〇%個人的体験であると思われるので、それを十全に人に伝えることはできないと思う。また、讃岐の庄松の話でわかるように、「真の悟得者」は多くを語らない。多分、その必要がないからである。周りの者は賢者と言われる人たちに何かを期待するが、おそらく当人にしてみれば、そのようなことは二の次三の次の重要性しか持たないのだろう。

一方、W・ジェームズが『宗教体験の諸相』の中で用いた多くの事例は回心した人々を扱うが、その回心者の多くはキリスト教徒である。これらの回心者たちは多くを語り、さらに自分が神から受けた恵みを詳細にほかの人々に伝えていこうとする。この点、庄松とだいぶ違う。

誰が救われたのか、誰が神智に到達したのかという問題は、実に難題である。これまで多くの宗教研究者が述べていることから判断すると、「真の」覚者はきわめて少ないと推測できる。以下、この点について簡単に述べてみたい。

西田幾多郎がその哲学・宗教研究で最後に到達したのは、仏教の大乗的な境地であったという。究極の宗教的根源的統一力について、西田が大乗的であると考えていたことについては、さまざまな見解がある。西田によれば、

元来、意識の統一といふのは意識成立の用件であって、その根本的要求である。統一なき意識は無も同然である。意識は内容の対立に由りて成立することが出来、その内容が多様に成ればなる程一方において大なる統一を要求するのである。この統一の極まる所が我々の所謂客観的実在といふもので、此統一は主客の合一に至ってその頂点に達するのである。客観的実在といふのも主観的意識を離れて別に存在するのではない。意識統一の結果、疑判と欲して疑う能わず求めんと欲してこれ以上求むるなきものをいふのである。而してかくの如き意識統一の頂点即ち主客合一の状態といふのはつとに意

識の根本的要求であるのみならず又実に意識本来の状態である。

このような根源的統一力を「神」と呼んでも良いと西田は『善の研究』でいう。さらに、

神人その性を同じうし、人は神に於て基本に帰すといふのは凡ての宗教の根本的思想であって、この思想に基づくものにして始めて真の宗教と称することが出来ると思ふ。

又我々はこの自然の根底に於て、また自己の根底に於て真に神を見ればこそ神に於て無限の暖かさを感じ、我は神に於て生くといふ宗教の真髄に達することもできるのである。神に対する真の敬愛の念は此中より出てくることができる。愛といふのは二つの人格が合して一となるの謂であり、敬とは部分的人格が全人格に対して起す感情である。故に敬愛の念は人と人の間に起るばかりでなく、自己の意識中に於ても現れるのである。

これらの引用で用いられているのは、もはや理性的な分析というよりは、宗教的信念のようなものである。このような西田の立場に関して、中村雄二郎の言葉を参照してみよう（『西田哲学の脱構築』）。

ここで問題になるのは、西田における絶対と超越の問題である。彼は論文「実践と対象認識」の中で、絶対についての考え方を次の三つに分けている。第一は、絶対をもっぱら超越的なものとして捉える考え方であり、これはキリスト教の神＝絶対者の考え方に代表される。つぎに第二は、道徳的な当為＝義務のようなものから出発して、絶対を遠く離れた無限の果におく考え方である。つまり、それを目指して進む目標、しかしどこまで行っても到達できない極限にあるものと考えるわけである。もっともこの第二のものは、相対的な絶対でしかないとされている。最後に第三のものは、右の第一のものと第二のものとが、ともに絶対を現実の彼方に、つまり彼岸に見ているのに対して、絶対を現実そのもののうちに見る考え方、絶対即現実の考え方であり、この考え方は大乗仏教の教えの中に見られる。いわゆる知識の立場から見るとわかりにくいけれども、真の絶対はむしろそこにこそある。単に超越的なものはわれわれと関係を持たず、真の絶対は超越的で在るとともに内在的なものでなければならない。

第三の考え方が本章でこれまで見てきた立場であることは明らかである。ただ、はたして、これまでの諸章で述べてきたような体験は、「大乗的に」すべての者に開かれているのであろうか。絶対的超越的存在との合一体験は、現実の世界のうちに見られるものなのだろうか。辻直四郎は『ウパニシャド』の中で、同哲学の倫理性に関連して次のように述べている。

たとい理論上、道徳的規範に超然たりとも、真知在る者は寂静・制御、安祥・忍耐、精神統一を特徴とし、倫理的の最高標準を示している。すでに見たごとく、五感を統御し、意欲を抑制することは、解脱に必要欠くべからざるところとされ、欲望を遠離した者は解脱し、これを棄却し得ざる者は輪廻する。意欲なく、憂悶を去り、心平静なる者にして始めてアートマンの偉大性を見、悪行を熄めざる者、寂静ならざる者、精神統一せざる者、あるいは寂静心無き者は、アートマンを識得することがない。欲望を去ることは業の根源を断つに等しい。これ以上の道徳的要求はありえない。ウパニシャドの奥義は実に、心寂静なる者に、授けられねばならぬのである。

このような「境地」に到達する人が多数いるとは筆者には考えにくい。さらに、岸本英夫は、「人間の営みとしての宗教的な生命拡充の」一つの生き方として、宗教神秘主義を肯定的に捉える立場の解説において、

宗教神秘主義が、その規定とするような、強烈な体験は、組織的な修行によって到達することもできる。又、先天的な素質や偶然の環境に導かれて、期せずしてそこに至る者もある。しかし、そのいずれにせよ、かような体験を享受しうるものは、比較的に限られた少数者である。しかも、その体験は強烈である。その上に展開する形態には、特異なる様相が現れがちである。沈潜性、隠遁性、超道徳性が、特に誇張された形で現れる場合も少なくない。

と述べる。さらに、R・オットーは有名な『聖なるもの』において、一段高い悟得の状態に関して、次のような考えを表明している。

精神の歴史は、一定の素質の存在しないところにはありえないが、宗教史は、宗教的素質ある精神の歴史にほかならない、とした上で、

宗教が歴史の中で生成するものには、三つの要素が必要である。第一に、刺激と素質が交互作用の間に行われる人間精神の歴史的発展の中において、素質そのものが、その作用により実現され、かつ決定されるのである。第二に、素質そのものにより歴史の一定の部分は、聖なるものの出現として感知しつつ認められ、そしてこの認識が第一に述べた素質の持つ体験の種類と程度とに変化を来らせるのである。第三に、第一と第二の要素の基礎の上に、認識と心情と意のうちにおいて、聖なるものとの協同が生じる……。

アプリオリな認識というのは、各々の理性的な人が持っているものではなく（そうだとすれば「本有的」になるだろう）、反って各人が持ちうるものである。アプリオリな高い認識というのは、各々が持ちうるものではあるが、しかし自らにより経験的に得るのではなく、他の高い人格によって「呼び起こされる」ものである。すでにかかる人格に対する関係上、一般的「素質」はただ感受する能力と価値判断の原理ではあるが、しかしこの認識を自己特有な独立せる方法で産出させる能力ではない。かかる産出は「上よりの賜物を受けた者」にのみ限られている。

さらに、大衆の「素質」は、ただ感受性としてあるのに対して、

しかしながら、単なる感受性の最初の段階から派生することのない、さらに高い能力と段階とは、預言者である。すなわち霊をば「内部からの声」の能力として、預覚の能力として、かつ両者を通じ宗教的創造力として所持している者である。……

以上で紹介した研究者は、用語に相違はあるものの、一致して神秘的な知識（神智あるいは、宗教的に高いレベルの認識）の獲得（救い）は大乗的にすべての求道者に開かれているというよりは、限られた者（聖人や預言者）にのみ享受できる「特権」であることを示唆している。これは前節で述べた鈴木や上田などの見解と一致しているとは考えにくい。

「はじめに」で紹介した蛾の話も本章の冒頭で触れた鳥たちの話も、いずれも同様のメッセージを伝えようとしているように感じられる。筆者には、ハーフェズの詩の紹介・分析の過程で触れたように、神智は「大乗的に」開かれているとは考えにくい。やはり、神智に至る門は狭く、厳しいように感じられるのである。

神智がすべての人に閉ざされているのでは、もちろんない。確かに悟得者（神智の体得者）は存在して、自らの体験を表明する。その表明の仕方は多種多様である。イブン・アラビーやアウグスティ

ヌスのように、雄弁に多くを語る者もあれば、記録にはほとんど残されていない、おそらく名前しか、いや名前すら残されていない悟得者（アーレフ）がいたであろう。

本書の主人公のハーフェズの場合は、第4章で述べたように、伝承上本人について確実なことがほとんどわかっていない。したがって、あれこれと自分の神的な体験について長口上はしない。残されているのは限られた数の詩だけである。しかも、その表現はあくまでメタファーを用いたものである。彼がメタファーを用いた理由は、神智は人間の理性、理性に基づく知とは基本的に性格が異なるので、それを知る（直観する）には、慣用的な言語の用法では不可能であるからだろう。それでは、なぜ、悟得者は言語を用いたのだろうか。実は言語を用いて表現しなくても、差し支えなかったのかもしれない。というのは、回心、悟りというのは、基本的に当事者と神との関係であるからである。とすれば、その体験を他人に伝えるのはあまり意味がないのではなかろうか。もし意味があるとすれば、おそらく、体験の結果得られた無上の喜びとその甘美さを自分ひとりに留めて置くことができず、ほかの人にも知らせたいという内からの衝動だろう（自利利他）。また、通常世界宗教においては、教祖の教えを「地の果てまで」伝導することが義務である、とされる。はたしてそうか？　人間に神智を伝える手段は与えられていない。ただ、理知の導きでなんとか入口あたりまでなら到達することができるかもしれない。そこで、ハーフェズは全く慣例を逸脱した方法を用いたのであった。神智を求めるために後からやってくる心ある人たちは、先達の言葉を頼りに入口まで導かれ、その後は結局自分で体験するしかないのだろう、と思う。筆者にわかるのは、ここまでである。

本章では、前章までの内容をまとめる意味で、やや理論的な説明を行った。その結果、より高度な神智に到達することは、やはり至難の業であって、必ずしも大乗的にすべての人に開かれているとは言えない点を指摘した。

第9章……神秘主義と現代社会

本書の最後で、イスラーム神秘主義と現代社会との関わりについて触れておきたい。すでに述べたように、イスラーム神秘主義、スーフィズムは、西欧、特にアメリカで活躍した中東出身の何人かの研究者によって紹介されている。本書で扱ったハーフェズがペルシア人、つまりイラン人であることから、ここでは一九六〇～七〇年代のアメリカを中心に活躍した二人のイラン人を紹介しよう。一人はセイエド・ホセイン・ナスル（Seyyed Hossein Nasr）、他はレザー・アラステ（Reza Arasteh）である。

時代が思想を作ることは、多かれ少なかれ人間の歴史の中で事実として認められる。ある特定の社会、経済的な現象が顕著に見られる時代に、その現象の影響をその時代の人々がほかの要素に優って強く受けるのは、けだし当然である。確かに、神秘的な宗教思想は時代の条件にさほど影響を受けることなく、どのような条件の下にあっても永遠の真実を求める聖者が多かれ少なかれ存在したと想定することは可能である。しかし、このように考えるのはあまり説得力がないかもしれない。特に大都市の発達、情報が広範かつ大量に流通する近・現代社会に特徴的な条件のもとでは、個人の意思とは無関係に時代の条件が、時に決定的な影響力を及ぼすであろう。各人はさまざまなマスコミの媒体を通して否応なしに時代と関わりを持つ。

ナスルとアラステの著作に盛られた議論も、同様の時代的現象の枠組の中で考えるとわかりやすいと思う。両者はともにアメリカ合衆国を活動拠点としており、大国アメリカが第一等国としてのし上がり、同時に新しい価値を創出する産みの苦しみを間近に見て、それに伴う社会の混乱の空気を吸いながら生活した。

第二次世界大戦終了後の世界は、いわゆる「東西問題」あるいは「冷戦」の時代であった。自由主義、資本主義の陣営を代表するアメリカと社会主義、統制経済の旗手ソビエト連邦が、世界各地で対立抗争を繰り返していた。大戦の直接的戦場とならなかったアメリカ合衆国は、無傷の状態のままであり、疲弊したヨーロッパの救済、さらに非ヨーロッパ地域での反共政策を積極的に展開した。大戦は明らかに旧西ヨーロッパ主要国の相対的衰退、アメリカが世界の大国として台頭する一大転換点であった。

だが、アメリカの未来は決して平坦で明るいものであったわけではない。国内的には、五〇年代の

「黄金時代」と並行して、「赤狩り」で知られるマッカーシー旋風が吹き荒れた。さらに、六〇年代には、黒人差別反対を軸とする「公民権運動」が国内を揺らした。対外的には、冷戦構造の影響で、J・F・ケネディーが大統領であった時に、キューバ危機という一触即発の事態を招き、さらに、「宣戦されない」戦争、ベトナム戦争にアメリカを関与させることになった。アメリカは好むと好まざるとにかかわらず、容易に抜け出ることのできない泥沼に落ち込んでしまった。当初、大多数の支持を得ていた戦争への関与も、軍事支出、戦死者の増大などの要因が、アメリカ国民を反戦運動へと駆り立てるようになった。これまでの因習的な価値に対する反発、新しい価値の提案など、アメリカが世界のリーダーになる過程において、未曾有の混沌状態が現出したと言える。大統領の暗殺、公民権運動の指導者キング牧師の暗殺が、当時の状況を雄弁に物語っている。新しい価値の模索は、若者の間で、ロックミュージック、LSD、奇想天外な服装やヘヤースタイルの流行などの形で現れた。これから紹介する二人のイラン人は、この時代のアメリカ社会の混乱を体験しながら思索し、執筆活動を行ったのである。

ナスルはテヘラン生まれで、主要な学位はすべてアメリカで取得している。つまり、BSはマサチューセッツ工科大学、MAおよびPh・Dはハーバード大学で取得した。専門はイスラーム科学と哲学を中心とする科学史である。一九五八年にイランに戻り、テヘラン大学教授となるが、その後も世界各地で要職を兼任した。また、パハラヴィー王朝時代、国王とは近い関係にあり、アーリアメフル大学の学長であった。我が国のイスラーム学の権威であった井筒俊彦や前著『イスラーム革命の精神』の主人公、モタッハリーとも親交があった人物である。

ナスルは、すでに一九六〇年代からイスラーム思想と西洋思想の相違点、さらに西洋社会においてイスラームが誤解されている点を一貫して主張した。特に、西洋の哲学は形而上学を哲学の一部として受け入れない点に決定的な欠点があることを訴えてきた。イスラームでは、哲学は西洋におけるように、単なる理性の働きによる知的作業ではなく、そこには宇宙の絶対的存在である神との深い関わりがなくてはならないという。イスラームでは、これは哲学（philosophy）ではなく、神智学（hekmat-e elahī ペルシア語）であるとする。

この立場から、ナスルはイスラーム神秘主義を次のように解説する。イスラーム神秘主義（スーフィズム）の基盤は信者の五行の第一、「信仰告白」に尽きるという。つまり、「アッラーの他に神なく、ムハンマドは神の使徒である（lā ilāha ill' Allāh, Muhammadūn rasūl Allāh）」という告白には、イスラーム神秘主義（スーフィズム）が正統なイスラームの一部であり、それを異なった次元で実践するものであることを示しているというのである。つまり、イスラーム神秘主義の根本は、第一に『コーラン』、第二に、イスラーム法、そしてこれを体現した模範的理想的人間として預言者、ムハンマドがいるという考えである。

イスラーム神秘主義（タリーカ tarīqah、文字どおりには「道」の意味）は、イスラーム法同様にその根源として『コーラン』と「預言者の伝承」を持つ。それは、イスラームの内的、秘教的次元に関わっており、例えば人間の心臓のように表面は見ることができないが、すべてのイスラームの宗教組織における内的生命の根源であり、中心であるという。したがって、イスラーム法の遵守と神秘主義はイスラーム教徒としての均衡を保つ上で、両者とも絶対に欠くことができない要素であるというのである。

ナスルによれば、神秘主義者の活動のすべては最終的な真理（ハキーカ、haqīqah）への到達であり、これは中心に真理＝神を置く円に例えられる。円周がイスラーム法であり、無数の半径が「道（タリーカ）」である。信者は円周に立つ（つまり、イスラーム法を受け入れる）ことによってのみ、半径（＝中心にある真理に至る道）を発見することができる。このように、ナスルはイスラーム法と神秘主義はイスラームの核心である神（＝真理）の両面で、相即不離の関係にあることを、繰り返し主張したのである。

ナスルは、過去の神秘主義の聖人たちが上の解説と一致しない言動を公然と行って、イスラーム法を無視して、廃棄するような行為をとったことについて触れている。本書の第5〜7章で詳しく紹介したハーフェズの詩の意味を考える上で有益なので、ナスルの説明を簡単に紹介する。

まず、神秘主義の指導者が表面上イスラーム法に反するようなことを多く語っているが、それはその言葉が語られた時代の状況、さらに語られた対象を考慮しなくてはならないと述べている。例えば、ハーフェズが「礼拝用の敷物を捨てよ」とか、イブン・アラビーが「自分の心は偶像崇拝者たちの神殿である」などと書いているのは、決してイスラーム法を無視しているのではない。そうではなく、むしろイスラーム法の遵守が当然であると考えている聴衆に向かって語っているのである、という。つまり、このような神秘主義の達人は、形（形相）の世界を超越して、イスラーム法の内なる意味の世界に入ることを勧めている、というのである。この点で、ナスルは、今日の人々の状況と比較しながら、次のように述べている。現代の人々は形相の世界を超越したいと望むものの、実は「形相」（つまり、イスラーム法のような実世界で踏み行う行動の規範）さえ持っておらず、捨てるものがない、という。形相界以下に落ち込むことをイスラーム法は妨げるが、これを持たない人は形だけの世界以下に陥る危険性をはらんでいる。したがって、イスラーム神秘主義がイスラーム法を廃棄しようとしているという見解ほど事実から離れた見解はない、というのである。イスラーム法があるからこそ、神秘主義がある、という立場である。この点については、第2章で簡単に述べた。

さらに、イスラーム神秘主義の起源について、新プラトン主義であるとか、キリスト教の修道院制度、アーリア人のセム系人種に対する反発、ゾロアスター教、マニ教、ヒンズー教、仏教など、さまざまな起源説が提示されているが、ナスルはいずれの説にも賛同しない。もちろんそれぞれの宗教的哲学的伝統の影響があったことは疑いないにしても、いずれかの新来思想、宗教がそのまま受け入れられて発展したのではなく、イスラームの根幹である『コーラン』の教えに基づきながら、イスラーム独自の発展を遂げたのがスーフィズム（タサッウォフ）であるという見解を明らかにしている。筆者はおそらくそのとおりであると思う。

このようにスーフィズムを説明するナスルは、持論である近代西洋哲学の欠点について、以下のように述べる。つまり、近代西洋哲学は、イスラームの立場から見ると、智慧（intellect）と理性（reason）を混同している点に最大の悲劇があるという（第7章参照）。神秘主義者の訴えは智慧に対してなされ、これによって理解される智慧は、人間が直接受け取る（直観する）神智に至る手段である。理性というのは、せいぜいその手段の知的なイメージにすぎない。そして、*intellectus* は *ratio* ではないと述べている。後者は通常の意味で哲学を理解できるだけであるのに対して、前者は言葉の正しい意味で教義の背後にある形而上学を理解できる、という。したがって、教義を理解するというのは、考えを一定の論理的パターンに合わせることでも、知的な曲芸をすることでもない。そうではなく、教義を理解するとは、智慧の活動によって（intellection）のみ可能となる物事の本質に関する思惟のビジョンである、と述べる。ナスルによると、教義が理性だけで説明できるならこれほど簡単なことはないという。教えの真髄を教えることは至難の業であり、これができるのは限られた人だけである、と述べている。

ナスルは神秘主義の階梯などについては細かい説明はしていないが、スーフィズムにおいて最も重要な徳は謙虚さ、誠実さであると考えている。そして、これらの徳はすべて唯一絶対の神に対する信仰から生じると述べている。さらに、神秘主義と実際の歴史、社会との関係は決して等閑してはならず、歴史の中でスーフィーの聖者達が果たした役割はきわめて重要であり、精神的生活の豊かさと恩恵を可能にした、というのである。

一方のアラステ(一九二七~一九九二)は、ハーフェズと同じシーラーズの出身で、一九六〇年代にイランの社会問題を取り扱う書物(*Man and Society in Iran* など)を発表していた。同時に現代人が抱える心理療法に強い関心を持っていた。したがって、東洋、西洋の心理学とならんで、イスラーム神秘主義(スーフィズム)、禅などにも深い興味を示した。しばらく日本にいたこともあり、四国の大学で教鞭をとっていた。長年アメリカ合衆国で生活し、一九七六年には帰化している。同じく一九六〇年代には、アメリカ社会の混乱の中で現代人が抱える深刻な問題群に対して、人種的遺産や特殊な文化の枠を超える普遍的意識への再生の可能性などに関する書物を著した。特に、イスラーム神秘主義の原理を用いて、上記の目的を実現しようとした。アラステはその著作において、人類統合の原理として「愛」を称揚した同じくペルシアの詩人、ルーミー(Jalāl al-Dīn Rūmī/一二〇七~七三)を題材として、持論を展開した。

アラステの著作の一つ、『自己への成長――スーフィーの貢献』において、上で紹介したナスルとは異なり、イスラーム神秘主義の基本教義、行について丁寧な紹介・検討を行いながら、現代人の精神的病弊の原因を分析し、これを解決する治療法を提示する。その結果、自己の確立という最終的目標への道筋を明らかにしようと努めた。彼の議論は、一九六〇年代後半には始まったとされるトランス・パーソナリティー理論の影響を受けているように見受けられる。トランス・パーソナリティー理論とは、現代人の特徴の一つである精神分裂的症状を治療する一つの方法として、西洋の心理学と東洋の宗教を統合し、人間は「自己超越」という段階にまで成長、進化することができると説く考えである。この立場では、人間の持つ欲望を、例えば、仏教のように全面的に否定するのではなく、人間にとって本性的なものとして受け入れる。「生理的欲求」「安全と安心に対する欲求」「愛と所属の欲求」「承認されたい欲求」「自己実現欲求」、そして最後に「自己超越欲求」まで持つという。ただ、重要な点は、「基本的な欲求」と「神経症的欲求」は区別して、前者を十分に満たせば、後者は治癒できるという考え方である。

アラステは、同様の問題をイスラームのスーフィズムを媒介として深く掘り下げ、論じている。イスラーム的に言えば、拙著『イスラーム革命の精神』第6章でも述べたように、「自己を知ること（ma'rifat an-nafs）」と関わっているように見受けられるが、アラステの目的は現代人の病弊を解消するためのセラピーを提示することである。この関心から、類似の研究が仏教の唯識論を研究する人々によっても行われているが、現代人の病弊を治癒することに対する関心は、あくまで本書の主眼ではない。筆者はこの問題について、それほど強い関心がない。ただし、宗教をわれわれが抱える現実の問題を解決する手段として研究することは、決して誤った態度ではないと考える。繰り返し述べるように、筆者は神智を知ることは厳密に個人的体験であるとの立場に立っており、現実生活の苦痛から他の苦しむ同胞を救い出す方法を見出すこととは、別次元の問題であると考えている。現実の苦痛からの救済、あるいは治癒は、絶対的な神や宇宙的原理を承認しなくても達成できるからである。結果的に、アラステなどが提示するセラピーによって人々が苦しみから逃れ、「幸福」になることを否定するわけではないが、まず何より絶対者（＝神）と人間の関係、そのような存在の承認こそ、最重要な前提であると考えるからである。これは宗教的立場からの研究の基本であると考える。もちろん、「宗教的」といっても、さまざまな視点からの研究ができるので簡単ではない。アラステの立場はイスラームという宗教を基底に据えた上で、スーフィズムを媒体として考察を進めているので、宗教的アプローチと考えても問題はないと思う。とまれ、以下においてアラステの所論を紹介・検討して行きたいと思う。

アラステによれば、スーフィズムにおいて、真の自己とは私たちが生活する環境や文化の作り出したものではなく、進化する宇宙の産物である。前者は現象的自己（つまり、環境や文化の作り出したもの）、後者は宇宙的、普遍的自己と呼ばれる。宇宙的自己は宇宙のイメージのようなものであって、これは明らかにされねばならない。一方、現象的自己は根源と分離した状態にある。この分離状態に気づくと、われわれの現象的意識を無にして、無意識に光を当てることによって、自己の全存在に気づくようになる。われわれの現象的自己は、さまざまな因習的な自己として存在する。例えば、自己は次のように七種類に分類されている。

（1）両親との関係における自己
（2）世代との関わりにおける自己
（3）社会的自己
（4）職業に従事する自己
（5）父親あるいは母親としての自己
（6）国民としての自己
（7）歴史的な自己

などである。

重層的なこの関係は、通常私たちが真正な自己を形成したり、他人との良好な関係を維持するのを助けるよりは、障害となることが多い。この混乱した複雑な状況に指針を与え、再生の基盤を与えるのが宗教であるとして、アラステは自らの信奉するイスラームの基本的立場を解説する。基本的にナスルの立場と同様、神の唯一性（タウヒード）を強調して、「タウヒード」に関するコーラン第一一二章を引用する。

告げよ、「これぞアッラー、唯一なる神、
もろ人のよりまつるアッラーぞ。
子もなく、親もなく、
ならぶ者なき御神ぞ」。

この唯一神との関係について、社会学、心理学に関心を示すアラステは、祈りの重要性をことさらに強調している。つまり、祈りには単に創造主への語りかけばかりではなく、仲間の信者たちに対する意義もあるという。さらに、これまでたびたび紹介したアッタールの『鳥の議会』を引用しながら、スーフィーは求道の階梯を上り、ついには自らが本質（=神）の写し姿であることを知る。その結果、自己変革の可能性を発見して、自らが望むものとの同化に至る過程を知って驚く。そして、新しい自己を発見する戸口に立つことになる。すでに第3章で詳しく解説した神秘主義の階梯について、アラステは、

（1）自らの心理を観察すること（muraqqaba）
（2）目的（合一）に近づく身体的体験（qurb）
（3）神的な合一への強烈な願望（showq）

（4）すべての者に対する無条件の愛（mehr）
（5）（目的に）接近できることへの希望（omīd）
（6）親近感（uns）
（7）合一体験についての瞑想（mushāhida）
（8）安心の状態（itminān）
（9）確信（yaqīn）

の九段階を提示している。求道者たちは、導師（pīr, morshed,shaykh）の導きで「外なる世界（＝社会的現実）」から離れて、「内なる世界（＝内なる現実）」へと身を委ねる。こうしてスーフィーは「多の世界（kathrat）」のさまざまな軋轢を減少させるために自身を孤独な状態に保ち、その結果「本質の世界（wahdat）」に精神を集中するのである。こうして慣習的な自己を取り除くことによって自己を分解し、今度は再統合することによって再生する、という。スーフィーの階梯の最終段階に位置づけられるファナーとは、まさにこの自己分解であり、そのあとに訪れる静寂の時（永続、baqa'）は、虚実、偶像、不真実などの意識を洗浄して、烈しい嫉妬、嘆き、怒りなどの感情に支配される心を浄化することである。こうして、自己は本来の自己を取り戻す。

こうして再生した自己は、偉大なる詩人ルーミーが主張したように、愛の重要性を認識するに至る。

愛は「薬の中の薬」となる。アラステによれば、スーフィー思想の大いなる貢献は、矛盾を基盤に理論を構築したダーウィンやフロイト、マルクスなどとは違って、人間、社会、歴史における合理的または非合理的対立の最大の仲裁者は愛であることを経験的に発見し、証明したことである、と述べている。これは、ルーミーの神秘主義教団の基礎信条であった。

このように述べてから、アラステは、人間の宗教的、哲学的、科学的そして芸術的知識の根源が創造的経験である、という主張に到達する。人間にとって真の喜び、幸福とは、創造的瞬間を体験すること以外にないとして、この喜びを永続化するには、それを意識化して、このレベルの気づきを維持し続けることにかかっている、という。創造的経験の瞬間は真実であり、生命力があり、人はしばしばその実現のために、すべての財産を放擲するし、それを顕現させるために物質的な快適さをも犠牲にする。この瞬間は、古今東西さまざまな呼び方があるが、イスラームの神秘主義ではこの瞬間を「アーン」という。これは第3章で学んだ神秘主義の用語、「ダミー」「ワクト」と基本的に同じである。

アーンの定義はきわめてむずかしいので、アラステはたとえで説明している。それはちょうど午前三時に飛び立つペルシア絨毯のようである、という。つまり、人がそれに乗ろうとしても、定刻よりも早いか遅いかいずれかであって、うまく乗れない。厳密な瞬間が絶対に必要であることになる。アーンとは、達成の瞬間である。それは誕生と再生の瞬間であり、気づき、超越的経験、新たな経験、関連性、統合、喜びの瞬間である。また、その瞬間は「通常の時間」がそれ自体を超越し、「永遠の」時に到達するときに獲得される。この瞬間に、一時的である知性（intelligence）が成長して永遠の智慧（wisdom）となる。その時、理性は「直観（intuition）」に、さらに、縛りからの完全な自由、形のないものへ、個別性が普遍性に、個人の人格が人間性に、そして社会が宇宙的なものを生み出す、とする。これを体験すると、人生そのものが活動的な、そして創造的なものへと変化を遂げる。

最後に、アラステはアーンに到達するための三つの照明的テクニークがあるという。それは、（1）名称の照明、（2）属性の照明、（3）本質の照明である。名称の照明とは、自らの精神的歴史を超えて言葉を生み出す根源的対象との関連性に到達することである。また、属性の照明を通して最後に、形、色、音の根源である対象の根源的要素に到達する。（1）と（2）は、すでに物理学者によっても明らかにされているが、（3）の本質の照明は、ハッラージュやルーミー、モーセ、キリスト、ムハンマドのような達人によってのみ達成される。この境地はイスラームの神秘主義によって、恋人とその相手である愛される対象との関係として表現される。この点については、第6章においていくつかのハーフェズの詩の例を示したとおりである。この教説を極限まで発展させた神秘主義者にルーミーがいたが、もはや二人の愛人の間には「私」と「あなた」の関係はない。二人は完全に一体である。アーンの体験では全くの一体感を感じることと、それが真の体験であることがきわめて重要である。こうして分裂した自己ではなく、人間としての全体性を深く悟ることになる。その結果、真に「創造的」で「活動的」な、人生が展開するというのである。
実は、同様の関心が仏教の唯識論の研究者によっても表明されている。その関心は、禅のテクニークなどを援用して、最深の意識、アーラヤ識への到達、一切穢れのない人間の最深部からの浄化を目指す試みである。その結果、現代人の抱える精神分裂的病弊を治療しようとする。アラステの関心と基本的に同じであると思う。

筆者はこのような企てに取り立てて反論を加えようと思わないし、その力量もない。イスラーム神秘主義を媒体として現代人の病弊を治癒しようとする方法には一理あると思うが、筆者の関心とは決定的な相違点がある。本書で扱った神秘主義の問題は基本的に宗教の問題である。神秘主義を通して究極の宗教的真理に到達しようとする求道者は、おそらく自分を病人とは思っていないだろうし（W・ジェームズが指摘するように、精神病的な症状と宗教的に敏感な人の活動にどれほどの相違があるのか判別が困難であるとはいっても）、まして敬愛する神に仕えてその見返りとして何らかの身体的治癒などの報いを期待しているとは、考えにくいからである。何らかの利益を期待して実践されるテクニークではないように思われるからである。もちろん、現世利益、後生善処の切実な願望は、古今東西煩悩多き衆生にとって不可避の動機であったことを否定しているわけではない。それどころか、宗教の最重要な役割の一つであったと思う。しかし、真の悟得者（やはりきわめて限られた人々なのだろうと思う）にとって、このような願望が究極的に重要な動機であるとは考えにくいのである。

とまれ、第1章で示した現代人の抱える問題群を理解するために、本章ではイスラーム神秘主義を用いて思索活動する二人のイラン人の考えを紹介するにとどめた。

おわりに

二〇一二年夏、筆者はシーラーズを訪れた。この度はハーフェズの廟を訪れることが唯一の目的であった。本文中でも触れたように、詩人の廟まで徒歩で数分のホテルにおよそ二週間滞在し、毎日、詩人の廟「ハーフェズィエ」に「詣でた」。

午後は主に町の調査に費やしたが、バーザールに出かけたある日のこと。遊牧民カシュカーイ族の人が作った敷物（ケリム）が欲しかったので、市場のカーペット売の区域へ行った。おやじに用向きを話して、良いものがないか探しながらいろいろ話していると、「何しに来た」と質問があり、答えて、「ハーフェズの勉強に……」。するとおやじの顔が輝き、突然、本書第7章1の最後（158ページ）に紹介したあの名作を誦唱し始めた。筆者はこの詩に大変思い入れがあったので、すべて暗記していた。途中から二人は一緒に、「……時と場所の貝殻の外に　明らかに見られる真珠を　海岸で彷徨《さまよ》う人々に求めてきたのです……」と、最後まで歌った。おやじは、特に「私は尋ねた　『賢者よ　この世界を見る酒盃を　いつ手に入れたのですか』彼は答えました　『この天空を彩った日だよ』」の箇所がお気に入りで、筆者の肩をつつきながらこの一節を強調していた。歌い終わると、周りにいた何人かの客たちが拍手をしてくれた。別れ際、彼は一緒に酒を飲もうと言ったが、固辞した。

また別の日、町の中心にある城址（アルグ）に近い側のバーザールの一角にある本屋で、店員の青年が話しかけてきた。「日本人か」、「そう」、「実は禅の無に興味があるが、知ってるか」といったので、簡単に説明した。本書の第5章で述べたように、ハーフェズの詩の中にも「無」や「空」に似た考えがある。そのあと、いつものように、「何しに来た」「ハーフェズの勉強に……」店員は、ちょっと困ったような顔をして、自分にはルーミーならだいたい言おうとしていることがわかる、けれども、ハーフェズは好きだけど、ようわからん、と答えた。

上の二つの話を紹介したのは、個人的に大変印象深い出来事であったことと、本書の主題であるハーフェズの特徴がよく現れている事件であったように思うからである。筆者にはカーペット売のおじさんの経歴は全くわからない。身なりで判断するのは問題だが、普通のイラン人で、格別教養があるようにも見えなかった。イブン・シーナーの話などもしていたので、あるいはそのような分野に関心の強い人であったのかもしれない。おそらくこの人は例外的なイラン人ではないように思う。ハーフェズはイラン人に大変馴染みが深く、この人のようにいくつかの詩を全部暗記しているかどうかはともかく、イラン人であれば、彼の詩の一部分くらいは知っているのだろう。いずれにしても、ハーフェズはイラン人の間でよく知られていることを傍証する良い事例にはなると思う。

一方、本屋の店員は話し方や身なりなどから判断しても、教養がありそうな人であった。おそらく筆者の偏見だろう、こういう人がルーミーやハーフェズなど、ペルシアの詩人について知っているのは当然のように思っていた。とまれ、その人がルーミーならわかるが、ハーフェズはわからない、といったのが実に印象的であった。「お前になんかもっとわからんだろう」という意味合いがあったのは確実だと思うが、彼のやや困惑したような表情を思い出すと、この詩人の不可解さはイラン人にも大変なんだなと感じた。もちろん例外もあって、ペルセポリスへ一緒に旅行した新婚の夫婦のご主人はほとんどハーフェズを知らなかった。一方、奥さんは大変良く知っていた。ちなみに、二人はイラン東北部マシュハド（八代目イマーム、アリー・レザーの廟がある）の出身であった。

本書で意図したのは、現代人が信じて疑わないできた合理的な思考法、理性の優位、言い換えれば、人間の能力への絶大な信頼を疑ってみたかった点である。頭で考えてそうであるはずのことが、そのとおりにならないことが原因となって生じる現代人に特徴的な分裂症的な問題群を考える機会を提供することであった。少なくとも明治時代以降、日本人にとって憧憬の的でもあり、目標でもあった西洋文明、中でも合理的精神とそれが生み出した近代文明の成果が決定的な行き詰まりに直面している現実を考えてみようということである。もちろん、ポストモダン的な現代文明の病弊に関する研究はすでに数多くあり、なぜそのようなことを、今ことさらに指摘する必要があるのか、という疑問はあるだろう。おそらく現代の捉え方は時々刻々変化していると思う。人間は同じようなことを時代の諸条件を忖度しながら、繰り返し思索してきたのだと思う。同じ言葉が、異なった条件や配置によって別の思想を作り出すのと同様に、同じ思想でも条件と配置が異なれば、別の論旨を形作るのではないか。そのとおりだとしても、次々と起こるさまざまな事件は、私たちにとってあたかも「新規な事件」として現前する。本書の第1章で述べた二つの事件、二〇〇一年の世界同時多発テロ事件、二〇一一年の東日本大震災を通じて筆者が感じたのは、報道された重大事件を感じ取る私たちの感覚、認識のズレの問題であった。あまりにも多様な事件が次々に起こる。夢と現の区別がつきにくくなる。判断のために思惟する時間がないまま、新たな事件が起こる。その結果、知らず知らずのうちに、その場かぎりの対応でこと済ますような（その瞬間さえ切り抜ければ良いというような）倫理観が自然と身についてきているようだ。

繰り返し述べたように、筆者は現代人の抱える病弊に何らかの処方箋を与えること、この点に対する関心はあまり強く持っていない。そのような能力は筆者にはないからである。ただ、問題の所在を知る入口であっても、そこに至る道を考えてみたいと思っていた。久しく慣れ親しんで、日本人の生活の一部を形成するようになった合理的な物の考え方、物事を細かく切り刻むように分析していく態度、このようなやり方をしばしば疑ってみて、何かほかの物の見方がないか考える機会を提供できれば、というのが筆者の考えたことであって、それ以上の目論見はなかった。

筆者は本学術選書でこれまで『シーア派イスラーム——神話と歴史』『イスラーム革命の精神』を世に問う機会を与えられた。前者では、イスラームシーア主義の歴史的、教養的側面を中心に扱った。

そうすることによって、シーア派イスラームの基本的知識の概要を示すことに努めた。シーア派を理解するためにはイマームと言われる聖人に関する知識が不可欠であること、さらにイランのイスラームには七世紀のイスラーム成立以来の伝統と古代イラン的伝統の混在が見られる点などを指摘した。特に後者の事実について、本書でハーフェズの詩を理解する上で時に決定的に重要な意味を持つことは、すでに気づかれたと思う。

後者の『イスラーム革命の精神』では、主として現代社会において、後進的イランが先進的西洋列強との関わりの中で、西洋思想とイスラーム思想をどのように捉え、それにいかに対応してきたのかという問題を、革命の精神的指導者ホメイニーの愛弟子モタッハリーという人物を通して理解しようと努めた。その過程で、革命成就のイデオロギーの中心軸の一つに、革命指導者たちの資質の問題のあることを知った。その問題は「自己を知ること」という問題である。この問題はイスラーム革命の指導者である宗教学者の資質という特化された問題としてだけでなく、さらに一般的な現代的意義を持つ。つまり、現代人一般、さらに現在の日本人同様、自己分裂的な症状、自己の存在意義の喪失などの問題と関わっているように思われた。この問題を扱う方途の一つとして、本書で扱ったイスラーム神秘主義がある。この点は、モタッハリーのみならず、ナスル、アラステなどのイラン人によって指摘されていたのである。

この意味で、本書は前書で十分に扱うことができなかった「自己を知ること」をさらに深化したものであるということができる。「自己を知る」とは、とどのつまり人間存在の究極の問題であって、思索する人にとって回避できない宗教的、哲学的問題である。なぜ生まれ、どこから来て、どこへ行くのか。本書はイスラームの事例を用いてこの重大な問題を考える入口まで到達するために、先人の努力を紹介、検討している。入口にこだわる理由は、最終的な「境地」への没入、神人合一的体験の中身は、それぞれの人が自ら体験する以外に方法がないからである。その結果得られる状態については、おそらく言語を絶する内容であろうから、どのような慣習的言語表現をもってしても表すことができないのだろうと思う。

これ以上の境地は、おそらく宗教的信仰に関わる領域である。そこでは慣習的合理的思惟は所期の力を発揮することができない。残念ながら、これ以上の話は筆者にはとうていわからない次元の話である。ただ、人類の歴史において、古今東西を問わず、究極的神の真理、宇宙的原理を求めて日夜精進した人はいたし、今も確かにいると思う。この人たちが人類の歴史において果たした役割は、通常の知識を蓄えたり、神社仏閣を建立したり、信者を増やして教勢を増すようなレベルの話ではなく、人間そのものの宇宙における位置、分節化されない全体としての均衡を保った人間の確立を目指すものであった。歴史上あまねく知られた人々と同時に、人知れずそのような道を歩んだ人は少なからずいたであろう。歴史は書かれたものに基づかないと記述できない。これが宿命である。いかに不正確であっても、それ以外に方法はないのである。ハーフェズは詩人の中では多作ではなかったと言われるが、本書においても、彼の限られた作品を手がかりに、私たちの抱える現代的問題を考察する縁とした。しかし、これは実に意義深く、楽しい作業であった。実に多くのことを考えることができた。もちろん、「イスラームの智慧」がハーフェズだけから知ることができるはずはない。しかし、明白なことは、彼の詩はイスラームの伝統の枠内にあり、多くのペルシア語を話す人々を中心に、イスラーム教徒として、人間として、絶対者に対峙して生きることの意義を教えている点である。私たち外国人は、言葉や文化の壁を抱えながらも、そこから確かに何かを学ぶことができるであろう。

本書を執筆するに際し、畏友國方栄二氏のお世話になった。特に、新プラトン主義に関する資料の提供ならびに筆者の誤解の訂正など、いろいろお助けいただいた。さらに、大谷大学、大阪大学で行っている授業で、最近二年ほどこの問題をやや深く話しすることができた点は非常にありがたいことであった。特に大谷大学での講義の出席者からは、有益なコメントがあった。末筆ながら、出席してくれた学生諸君にお礼を言いたい。

حجاب چهره جان میشود غبار تنم　　خوشا دمی که از آن چهره پرده برفکنم

چنین قفس نه سزای چو من خوش الحانیست　　روم بگلشن رضوان که مرغ آن چمنم

عیان نشد که چرا آمدم کجا رفتم　　دریغ و درد که غافل ز کار خویشتنم

چگونه طوف کنم در فضای عالم قدس　　که در سراچهٔ ترکیب تخته بند تنم

اگر ز خون دلم بوی شوق می آید　　عجب مدار که همدرد نافهٔ ختنم

طراز پیرهن زرکشم مبین چون شمع　　که سوزهاست نهانی درون پیرهنم

بیا و هستی حافظ ز پیش او بردار
که با وجود تو کس نشنود ز من که منم

叙情詩 342（本文 p. 105）

دمی با غم بسر بردن جهان یکسر نمی ارزد　　بمی بفروش دلق ما کزین بهتر نمی ارزد

بکوی می فروشانش بجامی بر نمیگیرند　　زهی سجادهٔ تقوی که یک ساغر نمی ارزد

رقیبم سرزنشها کرد کزین باب رخ برتاب　　چه افتاد این سر ما را که خاک در نمی ارزد

شکوه تاج سلطانی که بیم جان درو درجست　　کلاهی دلکش است اما بترک سر نمی ارزد

چه آسان مینمود اول غم دریا ببوی سود　　غلط کردم که این طوفان بصد گوهر نمی ارزد

ترا آن به که روی خود ز مشتاقان بپوشانی　　که شادی جهانگیری غم لشکر نمی ارزد

چو حافظ در قناعت کوش و ز دنیی دون بگذر
که یکجو منت دونان دو صد من زر نمی ارزد

叙情詩 151（本文 p. 109）

دی پیر میفروش که ذکرش بخیر باد　　گفتا شراب نوش و غم دل ببر ز یاد

گفتم بباد میدهدم باده نام و ننگ　　گفتا قبول کن سخن و هرچه باد باد

سود و زیان و مایه چو خواهد شدن ز دست　　از بهر این معامله غمگین مباش و شاد

بادت بدست باشد اگر دل نهی بهیچ　　در معرضی که تخت سلیمان رود بباد

حافظ گرت ز پند حکیمان ملالتست

کوته کنیم قصه که عمرت دراز باد

叙情詩 100（本文 pp. 113–114）

حال خونین دلان که گوید باز　　وز فلک خون خم که جوید باز

شرمش از چشم می‌پرستان باد　　نرگس مست اگر بروید باز

جز فلاطون خم‌نشین شراب　　سرّ حکمت بما که گوید باز

هر که چون لاله کاسه گردان شد　　زین جفا رخ بخون بشوید باز

نگشاید دلم چو غنچه اگر　　ساغری از لبش نبوید باز

بسکه در پرده چنگ گفت سخن　　ببرش موی تا نموید باز

گرد بیت الحرام خم حافظ

گر نمیرد بسر بپوید باز

叙情詩 262（本文 p. 115–116）

واعظان کاین جلوه در محراب و منبر میکنند
چون بخلوت میروند آن کار دیگر می کنند

مشکلی دارم ز دانشمند مجلس باز پرس
توبه فرمایان چرا خود توبه کمتر می کنند

گوئیا باور نمی دارند روز داوری
کاین همه قلب و دغل در کار داور می کنند

یا رب این نو دولتان را بر خر خودشان نشان
کاین همه ناز از غلام ترک و استر می کنند

ای گدای خانقه برجه که در دیر مغان
می دهند آبی که دلها را توانگر می کنند

حسن بی پایان او چندانکه عاشق میکشد
زمرهٔ دیگر به عشق از غیب سر بر می کنند

بر در میخانهٔ عشق ای ملک تسبیح گوی
کاندر آنجا طینت آدم مخمر می کنند

صبحدم از عرش می آمد خروشی عقل گفت
قدسیان گوئی که شعر حافظ از بر می کنند

叙情詩 199（本文 pp. 118）

من که از آتش دل چون خم می در جوشم
مهر بر لب زده خون میخورم و خاموشم

قصد جانست طمع در لب جانان کردن
تو مرا بین که در این کار بجان میکوشم

من کی آزاد شوم از غم دل چون هر دم
هندوی زلف بتی حلقه کند در گوشم

حاش لله که نیم معتقد طاعت خویش
اینقدر هست که گه گه قدحی می نوشم

هست امیدم که علی رغم عدو روز جزا
فیض عفوش ننهد بار گنه بر دوشم

پدرم روضهٔ رضوان بدو گندم بفروخت
من چرا ملک جهان را بجوی نفروشم

خرقه پوشی من از غایت دینداری نیست
پرده ای بر سر صد عیب نهان میپوشم

من که خواهم که ننوشم بجز از راوق خم
چکنم گر سخن پیر مغان ننیوشم

گر از این دست زند مطرب مجلس ره عشق
شعر حافظ ببرد وقت سماع از هوشم

叙情詩 340（本文 p. 120–121）

یارب این نوگل خندان که سپردی به منش / می‌سپارم بتو از چشم حسود چمنش

گر چه از کوی وفا گشت بصد مرحله دور / دور باد آفت دور فلک از جان و تنش

گر بسر منزل سلمی رسی ای باد صبا / چشم دارم که سلامی برسانی ز منش

به ادب نافه گشایی کن از آن زلف سیاه / جای دلهای عزیز است بهم برمزنش

گو دلم حق وفا با خط و خالت دارد / محترم دار در آن طرهٔ عنبرشکنش

در مقامی که بیاد لب او می نوشند / سفله آن مست که باشد خبر از خویشتنش

عرض و مال از در میخانه نشاید اندوخت / هر که این آب خورد رخت بدریا فکنش

هر که ترسد ز ملال انده عشقش نه حلال / سر ما و قدمش یا لب ما و دهنش

شعر حافظ همه بیت الغزل معرفت است
آفرین بر نفس دلکش و لطف سخنش

叙情詩 281（本文 pp. 123–124）

ای دل مباش یکدم خالی ز عشق و مستی / وآنگه برو که رستی از نیستی و هستی

گر جان بتن ببینی مشغول کار او شو / هر قبله‌ای که بینی بهتر ز خودپرستی

با ضعف و ناتوانی همچون نسیم خوش باش / بیماری اندرین ره بهتر ز تندرستی

در مذهب طریقت خامی نشان کفر است / آری طریق دولت چالاکی است و چستی

تا فضل و عقل بینی بی معرفت نشینی / یک نکته‌ات بگویم خود را مبین که رستی

در آستان جانان از آسمان میندیش / کز اوج سربلندی افتی بخاک پستی

خار ارچه جان بکاهد گل عذر آن بخواهد / سهل است تلخی می در جنب ذوق مستی

صوفی پیاله پیما حافظ قرابه پرهیز
ای کوته آستینان تا کی درازدستی

叙情詩 434（本文 pp. 129–130）

حاشا که من بموسم گل ترک می کنم / من لاف عقل میزنم این کار کی کنم

مطرب کجاست تا همه محصول زهد و علم / در کار چنگ و بربط و آواز نی کنم

از قیل و قال مدرسه حالی دلم گرفت / یکچند نیز خدمت معشوق و می کنم

کی بود در زمانه وفا جام می بیار / تا من حکایت جم و کاووس کی کنم

از نامهٔ سیاه نترسم که روز حشر / با فیض لطف او صد ازین نامه طی کنم

کو پیک صبح تا گله های شب فراق / با آن خجسته طالع فرخنده پی کنم

این جان عاریت که بحافظ سپرد دوست
روزی رخش ببینم و تسلیم وی کنم

叙情詩 351（本文 pp. 131–132）

هاتفی از گوشهٔ میخانه دوش / گفت ببخشند گنه می بنوش

لطف الهی بکند کار خویش / مژدهٔ رحمت برساند سروش

این خرد خام بمیخانه بر / تا می لعل آوردش خون بجوش

گرچه وصالش نه بکوشش دهند / هر قدر ای دل که توانی بکوش

لطف خدا بیشتر از جرم ماست / نکتهٔ سربسته چه دانی خموش

گوش من و حلقهٔ گیسوی یار / روی من و خاک در میفروش

رندی حافظ نه گناهیست صعب / با کرم پادشه عیب پوش

داور دین شاه شجاع آنکه کرد / روح قدس حلقه امرش بگوش

ای ملک العرش مرادش بده
وز خطر چشم بدش دار گوش

叙情詩 284（本文 pp. 134–135）

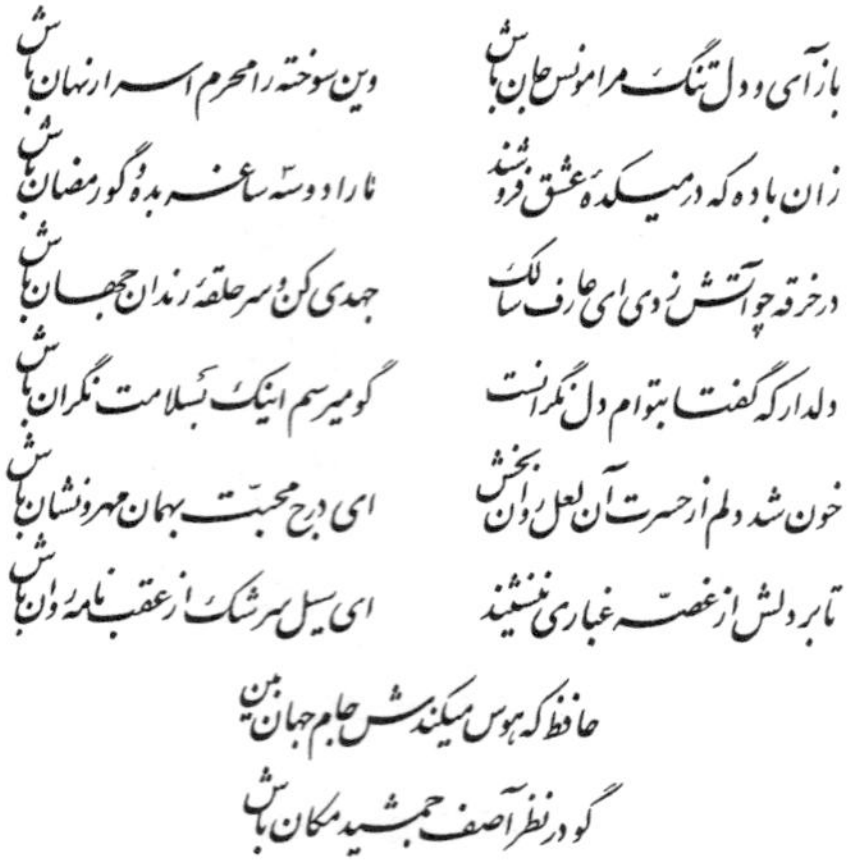

بازآی و دل تنگ مرا مونس جان باش
وین سوخته را محرم اسرار نهان باش
زان باده که در میکده عشق فروشند
ما را دو سه ساغر بده و گو رمضان باش
در خرقه چو آتش زدی ای عارف سالک
جهدی کن و سرحلقه رندان جهان باش
دلدار که گفتا بتوام دل نگرانست
گو میرسم اینک بسلامت نگران باش
خون شد دلم از حسرت آن لعل روان‌بخش
ای درج محبت بهمان مهر و نشان باش
تا بر دلش از غصه غباری ننشیند
ای سیل سرشک از عقب نامه روان باش
حافظ که هوس میکندش جام جهان‌بین
گو در نظر آصف جمشید مکان باش

叙情詩 272（本文 pp. 137–138）

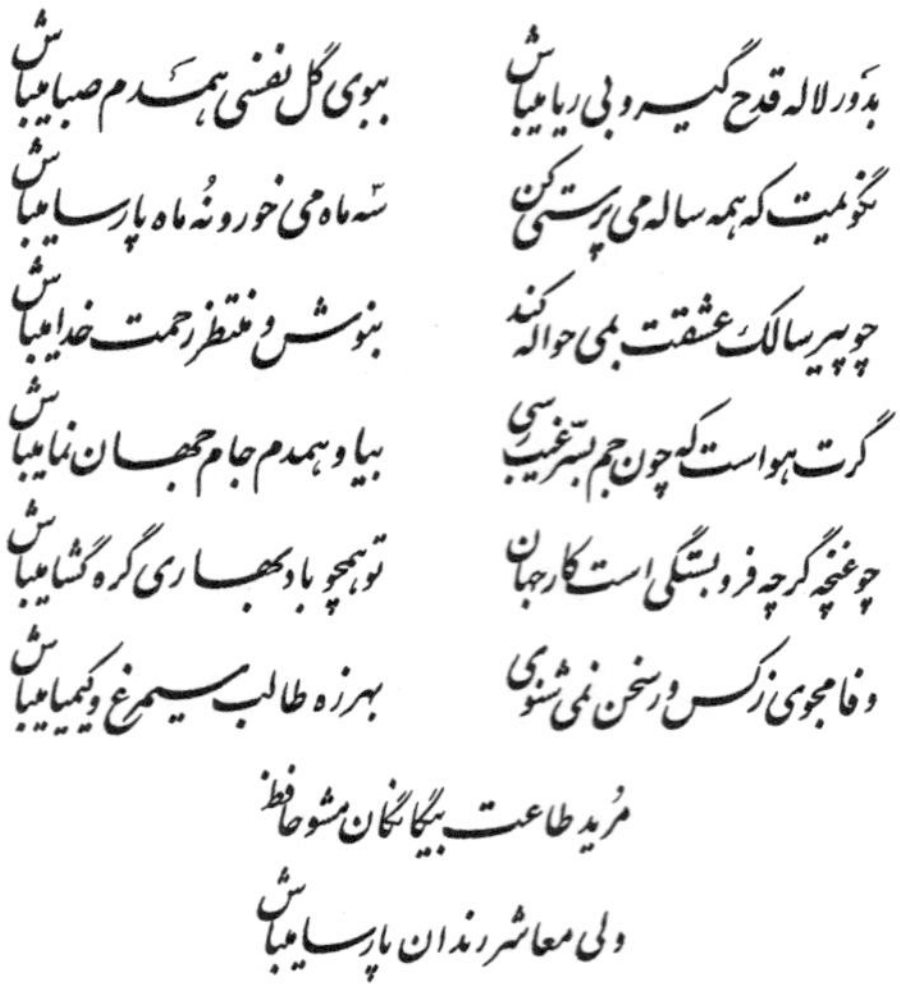

بدور لاله قدح گیر و بی‌ریا میباش
ببوی گل نفسی همدم صبا میباش
نگویمت که همه ساله می‌پرستی کن
سه ماه می‌خور و نه ماه پارسا میباش
چو پیر سالک عشقت بمی حواله کند
بنوش و منتظر رحمت خدا میباش
گرت هواست که چون جم بسر غیب رسی
بیا و همدم جام جهان‌نما میباش
چو غنچه گرچه فروبستگی است کار جهان
تو همچو باد بهاری گره‌گشا میباش
وفا مجوی ز کس ور سخن نمی‌شنوی
بهرزه طالب سیمرغ و کیمیا میباش
مرید طاعت بیگانگان مشو حافظ
ولی معاشر رندان پارسا میباش

叙情詩 274（本文 pp. 138–139）

گفتم غم تو دارم گفتا غمت سرآید / گفتم که ماه من شو گفتا اگر برآید

گفتم ز مهرورزان رسم وفا بیاموز / گفتا ز خوبرویان این کار کمتر آید

گفتم که بر خیالت راه نظر ببندم / گفتا که شبرو است او از راه دیگر آید

گفتم که بوی زلفت گمراه عالمم کرد / گفتا اگر بدانی هم اوت رهبر آید

گفتم خوشا هوائی کز باد صبح خیزد / گفتا خنک نسیمی کز کوی دلبر آید

گفتم که نوش لعلت ما را به آرزو کشت / گفتا تو بندگی کن کو بنده پرور آید

گفتم دل رحیمت کی عزم صلح دارد / گفتا مگوی با کس تا وقت آن درآید

گفتم زمان عشرت دیدی که چون سرآمد

گفتا خموش حافظ کاین غصه هم سرآید

叙情詩 231（本文 pp. 143–144）

در ازل پرتو حسنت ز تجلی دم زد / عشق پیدا شد و آتش بهمه عالم زد

جلوه ای کرد رخت دید ملک عشق نداشت / عین آتش شد ازین غیرت و بر آدم زد

عقل میخواست کز آن شعله چراغ افروزد / برق غیرت بدرخشید و جهان برهم زد

مدعی خواست که آید بتماشاگه راز / دست غیب آمد و بر سینهٔ نامحرم زد

دیگران قرعهٔ قسمت همه بر عیش زدند / دل غمدیدهٔ ما بود که هم بر غم زد

جان علوی هوس چاه زنخدان تو داشت / دست در حلقهٔ آن زلف خم اندر خم زد

حافظ آن روز طربنامهٔ عشق تو نوشت

که قلم بر سر اسباب دل خرم زد

叙情詩 152（本文 pp. 149–150）

زاهد خلوت نشین دوش بمیخانه شد　　از سر پیمان برفت با سر پیمانه شد

صوفی مجلس که دی جام و قدح میشکست　　باز بیک جرعه می عاقل و فرزانه شد

شاهد عهد شباب آمده بودش بخواب　　باز به پیرانه سر عاشق و دیوانه شد

مغبچه‌ای میگذشت راهزن دین و دل　　در پی آن آشنا از همه بیگانه شد

آتش رخسار گل خرمن بلبل بسوخت　　چهرهٔ خندان شمع آفت پروانه شد

گریهٔ شام و سحر شکر که ضایع نگشت　　قطرهٔ باران ما گوهر یکدانه شد

نرگس ساقی بخواند آیت افسونگری　　حلقهٔ اوراد ما مجلس افسانه شد

منزل حافظ کنون بارگه پادشاست

دل بر دلدار رفت جان بر جانانه شد

叙情詩 132（本文 pp. 151–152）

بآب روشن می عارفی طهارت کرد　　علی الصباح که میخانه را زیارت کرد

همین که ساغر زرین خور نهان گردید　　هلال عید بدور قدح اشارت کرد

خوشا نماز و نیاز کسی که از سر درد　　بآب دیده و خون جگر طهارت کرد

امام خواجه که بودش سر نماز دراز　　بخون دختر رز خرقه را قصارت کرد

دلم ز حلقهٔ زلفش بجان خرید آشوب　　چه سود دید ندانم که این تجارت کرد

اگر امام جماعت طلب کند امروز

خبر دهید که حافظ بمی طهارت کرد

叙情詩 170（本文 pp. 152–153）

دوش از مسجد سوی میخانه آمد پیر ما　　چیست یاران طریقت بعد از این تدبیر ما

ما مریدان روی سوی قبله چون آریم چون　　روی سوی خانهٔ خمار دارد پیر ما

در خرابات طریقت ما بهم منزل شویم　　کاین چنین رفته است در عهد ازل تقدیر ما

عقل اگر داند که دل در بند زلفش چون خوش است　　عاقلان دیوانه گردند از پی زنجیر ما

روی خوبت آیتی از لطف بر ما کشف کرد　　زان زمان جز لطف و خوبی نیست در تفسیر ما

با دل سنگینت آیا هیچ درگیرد شبی　　آه آتشناک و سوز سینهٔ شبگیر ما

تیر آه ما ز گردون بگذرد حافظ خموش

رحم کن بر جان خود پرهیز کن از تیر ما

叙情詩 10（本文 pp. 155–156）

سالها دل طلب جام جم از ما میکرد　　وآنچه خود داشت ز بیگانه تمنا میکرد

گوهری کز صدف کون و مکان بیرون است　　طلب از گمشدگان لب دریا میکرد

مشکل خویش بر پیر مغان بردم دوش　　کو بتایید نظر حل معما میکرد

دیدمش خرم و خندان قدح باده بدست　　وندر آن آینه صدگونه تماشا میکرد

گفتم این جام جهان بین بتو کی داد حکیم　　گفت آنروز که این گنبد مینا میکرد

بیدلی در همه احوال خدا با او بود　　او نمیدیدش و از دور خدایا میکرد

این همه شعبدهٔ خویش که میکرد اینجا　　سامری پیش عصا و ید بیضا میکرد

گفت آن یار کزو گشت سر دار بلند　　جرمش این بود که اسرار هویدا میکرد

فیض روح القدس ار باز مدد فرماید　　دیگران هم بکنند آنچه مسیحا میکرد

گفتمش سلسلهٔ زلف بتان از پی چیست

گفت حافظ گلهای از دل شیدا میکرد

叙情詩 143（本文 pp. 158–159）

索　引

［あ行］
アウグスチヌス　192
アシュアリー派（イスラーム多数派の公式神学）　23, 176
アダム（最初の人間）　69, 121, 122, 149, 150
アッタール（Farid al-Din Attar）　iii, 142, 173, 206
アッバース王朝（750–1258）　20, 30, 32, 83
アッラー（イスラームの唯一絶対の神）　iv, 22–25, 133, 198, 206
アブー・イスハーク（Abu Eshaq）　84, 85, 89, 91
アーベリー（A. J. Arberry）　37, 56, 58, 59
アラステ（レザー、Reza Arasteh）　11, 12, 63, 195, 196, 202–206, 208–210, 217
アーレフ（悟得者、覚者）　51, 58, 59, 62–67, 95, 97, 117, 132, 151, 153, 176, 193
井筒俊彦　24, 168, 198
『イスラーム革命の精神』　10, 44, 59, 67, 107, 119, 198, 203, 216, 217
イスラーム法（シャリーア）　43, 99, 163, 198–200
イブン・アラビー（Muhya al-Din Ibn 'Arabi）　33, 54–57, 59, 168, 192, 200
イブン・ルシュド（Ibn Rushd）　24
イマーム（シーア派の霊的指導者）　29, 30, 65, 107, 148, 157, 162, 163, 215, 217
イルファーン（神智、グノーシス）　10, 21, 35, 53, 54, 57, 58, 61, 86, 94, 97, 112, 117, 145, 168
上田閑照　181–185, 192
ウマイヤ朝（661–750）　29, 30
エックハルト（Eckhart）　181, 182, 184
エリアーダ（Mircea Eliade）　8–10
オットー（Rodolf Otto）　170, 191

［か行］
ガッザーリー（al-Ghazzali）　33, 43–45, 48, 140
カラーバーディー（al-Kalābādhī）　35
完全な人間（インサーネ・カーメル、ペルシア語）　10, 26, 59, 165
岸本英夫　190
キリスト教　8, 20, 32, 103, 119, 136, 181, 187, 189, 200
クシャイリー（Al-Qushairi）　37, 41
合一　10, 22, 25, 27, 28, 31, 33–35, 40, 42, 48, 57, 66, 69, 72, 103, 108, 112, 113, 117, 122, 135, 151, 155, 158, 169, 170, 177, 182, 184, 185, 187, 189, 206, 207, 218
『コーラン』　21–24, 26, 49, 61, 65, 88, 91, 133, 162, 198–200, 205

［さ行］
讃岐の庄松　177–179, 186, 187
サファヴィー王朝　46
『シーア派イスラーム——神話と歴史』　31, 74, 142, 163, 216
ジェームズ（William James）　14, 64, 168, 187, 210
シーモルグ（幻の怪鳥）　139, 142, 173–175
シャー・ショジャー（Shah Shoja'）　86, 89–94, 135, 137

ジャムシード（古代イランの伝説の王） 132, 138, 139, 141, 142, 159
ジャムシードの酒盃 60, 74, 158
シャリーア（イスラーム法） 43, 163
『十全の書』（Osul-e Kafi、ペルシア語、Usul min al-Kafi、アラビア語） 148, 162, 163
十二イマーム派シーア主義 46, 74, 107, 142, 148, 162, 163
シーラーズ 70, 77–80, 83, 85, 87–89, 94, 95, 97, 99, 110, 142, 202, 213
新プラトン主義 33, 200, 219
神智（マアリファ） vii, viii, 10, 21, 24, 32–35, 37, 39, 40, 53–55, 57–59, 61–63, 66, 67, 75, 86, 94, 96, 97, 100, 101, 103, 107, 112, 117, 129, 131, 136, 137, 143, 145, 147, 149, 151, 157, 158, 160, 162, 164, 166, 168–170, 173, 174, 176, 186, 187, 192–194, 198, 201, 204
鈴木大拙 177, 178, 180, 181, 185, 192
スーフィー（イスラーム神秘主義者） 19, 49, 62, 64, 95, 97, 129, 157, 202, 206–208
スーフィズム（タサッウォフ、イスラーム神秘主義） vii, ix, 11, 18–21, 26, 33, 34, 42, 45, 46, 53, 54, 58, 61, 68, 96, 136, 195, 198, 201–204
ズール・ヌーン（Dhū' l Nūn） 33, 35
ゾロアスター教 74, 200
存在一性論（vahdat al-vujud、イブン・アラビーの説） 58

［た行］
タウヒード 22, 33, 205
タサッウォフ（スーフィズム） 19, 201
タフテ・ジャムシード（ペルセポリス、古代ペルシア帝国アケメネス王朝の都） 142
チムール（Timur, Temur） 78, 79, 87, 93
辻直四郎 189
『鳥の議会』 142, 173, 206

［な行］
中村雄二郎 188
ナスル（セイエドホセイン、Seyyed Hossein Nasr） 11, 12, 43, 195–202, 205, 217
西田幾多郎 187–189

［は行］
パウロ（初期キリスト教の使徒） 103, 136, 176
ハサン・バスリー 30
バスタミー（Bistamī） 34, 35, 168
ハッラージュ 27, 34, 168, 169, 209
ハーネカー（イスラーム神秘主義の道場） 21, 46, 47
パハラヴィー王朝（1925–1979） 128, 197
ハーフェズ占い 80
ハーフェズ詩集（ディーワーネ・ハーフェズ） 77, 83, 94, 110, 117, 147, 162
ハーフェズ廟（ハーフェズィエ） 80, 213
ファナー（神人合一の境） 28, 31, 34, 40, 66, 207
フォン・グルーネバウム（Gustav von Grunebaum） 44, 140
フジュウィーリー（al-Hujwiri） 35, 46
仏教 6, 16, 20, 22, 74, 103, 113, 115, 125, 135, 161, 168, 176, 177, 182, 187, 189, 200, 203, 210
ペルセポリス（タフテ・ジャムシード、古代ペルシア帝国アケメネス王朝の都） 142, 215
プロティノス（Plotinus） 33

［ま行］
マルチン・ルター（Martin Luther） 136
ムウタジラ派（イスラームの合理主義

神学） 23, 33
ムサッラーの庭園（ハーフェズの廟がある名園） 70, 73, 78
ムハーシビー（Muhāsibī） 33, 35
ムハンマド（イスラームの預言者） 21, 23, 26–30, 49, 57, 77, 84, 85, 128, 142, 143, 163, 176, 198, 209
メウレヴィー教団（イスラーム神秘主義の教団、トルコを中心に影響力を持った） 46, 49
モタッハリー（モルタザー、Mortaza Motahhari） 10, 58, 59, 95–97, 119, 132, 150, 158, 198, 217
モバーレズ（Mobarez al-Din Muhammad b. al-Muzaffar） 85, 86, 90, 91, 94, 99, 116, 157

［や行］
ヤコブ（Jacob） 136
唯識論（仏教） 203, 210

［ら行］
ライス（C. Rice） 40, 49
ラービア 31
理性（アクル、'aql） 147–150, 155, 159, 160, 162–166, 169
ルーミー（Jalal al-Din Rumi、ペルシアの詩人、メウレヴィー教団の開祖） 41, 49, 62, 95, 122, 202, 207–209, 214, 215
六信五行 140, 162

参考文献一覧

さらに深く勉強される読者のために，本書を執筆する際用いた参考書を中心に掲載する．現在わが国でも神秘主義の研究がなされているが，ここでは古典的なスーフィズム研究書をできる限り紹介することに務めた．同時に，ペルシア語の主要文献については，特に重要と思われるもののみ掲載した．

Ahmad Mir Khani (khatteh), *Divan-e Hafez, Ayat-e Nur dar Safineh-ye Ghazal*, 1328.

Al-Ghazali, *On the Manners relating to Eating* (*Kitab adab al-akl*), tr. by D. Jphnson Davies, the Islamic Texts Society, Malaysia, 2000.

—— *The Alchemy of Happiness*, tr. by Claud Field, Ashraf Publication, 1979.

Al-Hujwiri, 'Ali B. Uthman al-Jullabi, *Kashf al-Mahjub, The Oldest Persian Treatise on Sufism*, tr. by Reynold A. Nicholson, Messrs. Luzac and Company, London, 1976.

Al-Kalabadhi, Abu Bakr, *The Doctrine of The Sufis* (*Kitab al-Ta'arruf li-madhhab ahl al-tasawwuf*), tr. by A. J. Arberry, Cambridge University Press, 1978.

'Amid-e Zenjani, *Tahaqqoq va Barresi dar Tarikh-e Tasawwof*, Chapkhaneh-ye 'Ilmieh-ye Qom, 1346 (1968).

Anjevi, Shirazi Abu al-Qasem, *Divan-e Khajeh Hafez-e Shirazi*, 1361.

Arasteh, A. Reza, *Growth to Selfhood, The Sufi Contribution*, Routledge & Kegan Paul, London, 1980.

—— *Man and Society in Iran*, E. J. Brill, Leiden, 1970.

—— *Rumi ; thePersian,the Sufi*, Routledge & Kegan Paul, London, 1974.

Arberry, Arthur J., *Shiraz ; Persian City of Saints and Poets*, University of Oklahoma Press, 1960.

Attar, Farid al-Din, *Muslim Saints and Mystics Episodes from the Tadhkirat al-Auliya* (*Memorial of the Saints*) by Farid al-Din Attar, tr. by A. J. Arberry, Routledge & Kegan Paul, London, 1966.

—— *The Conference of the Birds ; Sufi Fable Mantiq ut-Tair* by Farid al-Din Attar,

—— *The Conference of Birds*, tr. by Afkham Darbandi and Dick Davis, Penguin Books, 1984.

Baldick, Julian, *Mystical Islam ; An Introduction to Sufism*, Tauris Parke Paperbacks,

London, 2000.

Bamdad, Mahmud, *Hafez Shenasi ya Elhamat-e Khajeh,* Pazhang Publishing Co., 1369 (1991).

Browne, E. G. *A Literary History of Persia* vol. III.,The Tartar Dominion (1265–1502), Cambridge University Press, 1964.

Corbin, Henry, *En Islam iranien, Aspects spirituels et philosophiques III Les Fideles d'amour Shi'isme et soufisme*, NRF, 1972.

— *En Islam iranien, IV L'Ecole d'Ispahan L'Ecole Shaykhie Le Douzieme Imam*, NRF, 1972.

— *Creative Imagination in the Sufism of Ibn 'Arabi*, tr. by Ralph Manheim, Princeton University Press, 1969.

— *Spiritual Body and Celestial Earth ; From Mazdean Iran to Shi'ite Iran*, tr. by Nancy Pearson, Princeton University Press, 1977.

Eliade, Mircea, *The Myth of Eternal Return : Cosmos and History*, W. Trask, tr.,New York, 1954.

— *The Sacred and Profane ; the nature of religion*, W. R. Trask,tr. New York, 1959.

— *The Two and the One*, tr. by J. M. Cohen, The University of Chicago Press,

Erkan Turkmen, *Teachings of Shams-i Tabrrezi,* NKM, 2009.

Ibn al-'Arabi, *The Bezels of Wisdom*, tr. by R. W. J. Austin, Paulist Press, New York, 1980.

James, William, *The Varieties of Religious Experience ; A Study in Human Nature*, Routledge, London, 2002.

Khorramshahi, Baha al-Din, *Dhahn va Zaban-e Hafez*, Nashar-e Now, Tehran, 1361.

Kirmani, Awhaduddin, tr. by B. M. Weischer & P. L. Wilson, *Heart's Witness ; The Sufi Quatrains of Awhaduddin Kirmani*, Imperial Iranian Academy, Tehran, 1978.

Kulaini, Ja'far Muhammad b. Ya'qub b. Ishaq, *Osul-e Kafi*, tr. Hashem Rasuli, Tehran n. d.

Qazvini, *Divan-e Hafez ; Qazvini-Ghani*, 'Allamah Qazvini and Doktor Qasem-e Ghani, ed., 1387, Tehran.

— *Divan-e Hafez-e Shirazi, az noskheh-ye Muhammmad-e Qazvini va doctor Qasem-e Ghani*, 1381, Tehran.

— *Divan-e Hafez, Ayat-e Nur dar Sefineh-ye Ghazal* (*Divan-e Hafez*), 1388, Tehran.

Majid-e Mahbudi, *Ruh-e Akhlas-Dastan-ha az Zendegi-ye 'Allamah Tabataba'i* Entesharat-e Nabugh, Qom, 1383.

Masse, Henri, *L'Ame de L'Iran*, Albin Michel, 1951.

Mostafa, Abu al-Qasem, *Farhang-e Dah Hezar Vajeh as Divan-e Hafez*, 2vols., Tehran, 1369.

Motahhari, Mortaza, *Ashena'i ba 'Olum-e Islami, Manteq, Falsafah*, Entesharat-e Sadra, Qom, n. d.

'Irfan-e Hafez, Entesharat-e Sadra, 1383 (2001).

Tamashageh-ye Raz, Entesharat-e Sadra, n. d.

Ayeneh-ye Jam, Divan-e Hafez, hamrah-e yad dasht-ha-ye ostad Motahhari, 1395, Tehran.

Nasr, Seyyed Hossein, *Ideals and Realities of Islam*, George Allen & Unwin LTD., London, 1975.

Sadr al-Din Shirazi & His Transcendent Theosophy, Imperial

— Iranian Academy of Philosophy, Tehran, 1978.

Sufi Essays, State University of New York Press, New York, 1972.

Nicholson, Reynold A., *The Mystics of Islam ; An Introduction to Sufism*, Schoken, New York, 1975.

Nurbakhsh, Javad, *In the tavern of ruin, seven essays on Sufism*, khaniqahi-nimatullahi publication, New York, 1978.

Rahman, Fazlur, *The Philosophy of Mulla Sadra* (*Sadr al-Din al-Shirazi*), State University of New York Press, Albany, 1975.

Rice, Cyprian, O. P. *The Persian Sufis*, George Allen & Unwin, LTD., London, 1964.

Schimmel, Annemarie, *Mystical Dimensions of Islam*, The University of North Carolina Press, 1978.

Shabistari, Sad-ud-Din Mahmud, *The Sufi Dialogue ; The Secret Garden,* tr. by Johnson Pasha, London, 1969.

Smith, Margaret, *The Way of the Mystics, the early Christian Mystics and the Rise of the Sufis*, Oxford University Press, 1978.

Stoddart, William, Sufism ; *The Mystical Doctrines and Methods of Islam*, Samuel, Weiser INC., New York, 1976.

Suhrawardi, Shihabuddin Yahya, tr. by W. M. Thackston, *The Mystical and Visionary Treatises of Shihabuddin Yahya Suhrawardi*, The Octagon Press, London, 1982.

Trimingham, J. Spencer, *The Sufi Orders in Islam,* Oxford University Press, 1973.
アンリ・セルーヤ，深谷哲（訳）『神秘主義』，（文庫クセジュ）白水社，1989.
井筒俊彦『意識と本質——精神的東洋を索めて』，岩波書店，1991.
——『コーラン』（上・中・下）岩波書店，1973.
上田閑照『非神秘主義——禅とエックハルト』（岩波現代文庫）岩波書店，2008.
上村勝彦（訳）『バガヴァッド・ギーター』，（岩波文庫）岩波書店，2009.
岡野守也『唯識のすすめ——仏教の深層心理学入門』，日本放送出版協会，2000.
オットー，R・，山谷省吾（訳）『聖なるもの』，岩波書店，1986.
カール・レヴィット，柴田治三郎（訳）『パスカルとハイデッガー——実存主義の歴史的背景』，未来社，1976.
蒲生礼一『ペルシアの詩人』，紀伊国屋新書，1964.
岸本英夫『宗教神秘主義』，大明堂，1973.
紀野一義『禅——現代に生きるもの』，（NHK ブック）日本放送出版協会，1978.
黒柳恒男『ハーフィズ詩集』，（東洋文庫 299）平凡社，1995.
ケニー，A・，高柳，藤野（訳）『トマス・アクィナス』，教文館，1996.
嶋本隆光『シーア派イスラーム——神話と歴史』，京都大学学術出版会，2007.
——『イスラーム革命の精神』，京都大学学術出版会，2011.
——『イスラームの祭り』，（嶋本監訳）法政大学出版局，2002.
ジェームズ，W・，枡田啓三郎（訳），『宗教的経験の諸相』，（上・下）（岩波文庫）岩波書店，2008.
ショーペンハウエル，細谷貞夫（訳）『知性について』，（岩波文庫）岩波書店，2007.
鈴木大拙『宗教経験の事実』，大東出版社，2003.
——『禅の第一義』，丙午出版社，1914.
——『禅と日本文化』，岩波書店，1988.
——『禅とは何か』，（「鈴木大拙禅選集」第八巻）春秋社，1996.
——『日本的霊性』，岩波書店，1985.

高橋亘『西洋神秘主義の源流』，創文社，昭和 58.
辻直四郎『ウパニシャド』，岩波書店，（講談社学術文庫 934）講談社 1990.
デカルト，三木清（訳）『省察』，（岩波文庫）岩波書店，1970.
—— 野田又夫（訳）『精神指導の規則』，（岩波文庫）岩波書店，1997.
—— 林寿一（訳）『哲学原理』，（岩波文庫）岩波書店，1998.
—— 落合太郎（訳）『方法序説』，（岩波文庫）岩波書店，1989.
長尾重輝『唯識という思想――心の真相を開く』，自照社，2009.
中村廣治郎『イスラムの宗教思想――ガザーリーとその周辺』，岩波書店，2002.
—— （編）『講座イスラム 1　イスラム・思想の営み』，筑摩書房，1985.
中村雄二郎『西田哲学の脱構築』，岩波書店，1990.
西田幾多郎『善の研究』，東京弘道館，1914.
—— 『哲学概論』，岩波書店，1992.
西谷啓治『神秘思想史・信州講演』，（「京都哲学撰書」第 28 巻）燈影社，2003.
ニザーミー，岡田恵美子（訳）『ライラとマジュヌーン――アラブの恋物語』，（東洋文庫 394）平凡社，1981.
バーキルッ＝サドル，黒田壽郎（訳）『ムハンマド』，未知谷，1994.
久野昭（編）『神秘主義を学ぶ人のために』，世界思想社，1989.
フッサール，浜渦達史（訳），『デカルト的省察』，岩波書店，2005.
プロティノス，田中美知太郎他（訳），『エネアデス（抄）Ⅰ』，中央公論新社，2007.
増永霊鳳『曹洞禅の概要』，鴻盟社，1979.
水地宗明（監修）『新プラトン主義の影響史』，昭和堂，1998.
—— （他編）『新プラトン主義を学ぶ人のために』，世界思想社，2014.
山折哲雄『神秘体験』，（講談社現代新書 940）講談社，1989.
横山紘一『やさしい唯識――心の秘密を解く』，日本放送出版協会，2006.
リーマン・オリヴァー，佐藤睦雄（訳）『イスラム哲学とは何か』，草思社，2012.
鷲田清一『現象学の視線――分散する理性』，（講談社学術文庫 1302）講談社，2008.

嶋本　隆光(しまもと　たかみつ)

1951年生まれ.
大阪外国語大学ペルシア語学科卒業.
UCLA 歴史学科大学院修了.
現在，大阪大学教授.
専攻はイスラーム現代思想で，イスラームのシーア派に関する日本でも有数の研究者である.

【主な著訳書】

『シーア派イスラーム——神話と歴史』(学術選書，京都大学学術出版会)
『イスラーム革命の精神』(学術選書，京都大学学術出版会)
『人々のイスラーム——その学際的研究』(共著，日本放送出版協会)
『岩波講座 世界歴史21 イスラーム世界とアフリカ』(共著，岩波書店)
『イスラームを学ぶ人のために』(共著，世界思想社)
『イスラームの商法と婚姻法』(翻訳，大阪外国語大学学術研究叢書)
『イスラームの祭り』(監訳，イスラーム文化叢書，法政大学出版局)
その他，イランのイスラームに関する論文多数.

学術選書

イスラームの神秘主義
――ハーフェズの智慧

学術選書 066

2014年10月15日　初版第1刷発行

著　　者…………嶋本 隆光
発 行 人…………檜山 爲次郎
発 行 所…………京都大学学術出版会
京都市左京区吉田近衛町69
京都大学吉田南構内（〒606-8315）
電話（075）761-6182
FAX（075）761-6190
振替 01000-8-64677
URL http://www.kyoto-up.or.jp

印刷・製本…………㈱太洋社
装　　幀…………鷺草デザイン事務所

ISBN 978-4-87698-866-2

定価はカバーに表示してあります
Printed in Japan

学術選書［既刊一覧］

＊サブシリーズ「心の宇宙」→[心]「諸文明の起源」→[諸]
「宇宙と物質の神秘に迫る」→[宇]

001 土とは何だろうか？ 久馬一剛
002 子どもの脳を育てる栄養学 中川八郎・葛西奈津子
003 前頭葉の謎を解く 船橋新太郎 [心]1
005 コミュニティのグループ・ダイナミックス 杉万俊夫 編著 [心]2
006 古代アンデス 権力の考古学 関 雄二 [諸]12
007 見えないもので宇宙を観る 小山勝二ほか 編著 [宇]1
008 地域研究から自分学へ 高谷好一
009 ヴァイキング時代 角谷英則 [諸]9
010 GADV仮説 生命起源を問い直す 池原健二
011 ヒト 家をつくるサル 榎本知郎
012 古代エジプト 文明社会の形成 高宮いづみ [諸]2
013 心理臨床学のコア 山中康裕 [心]3
014 古代中国 天命と青銅器 小南一郎 [諸]5
015 恋愛の誕生 12世紀フランス文学散歩 水野 尚
016 古代ギリシア 地中海への展開 周藤芳幸 [諸]7
018 紙とパルプの科学 山内龍男
019 量子の世界 川合・佐々木・前野ほか編著 [宇]2
020 乗っ取られた聖書 秦 剛平
021 熱帯林の恵み 渡辺弘之
022 動物たちのゆたかな心 藤田和生 [心]4
023 シーア派イスラーム 神話と歴史 嶋本隆光
024 旅の地中海 古典文学周航 丹下和彦
025 古代日本 国家形成の考古学 菱田哲郎 [諸]14
026 人間性はどこから来たか サル学からのアプローチ 西田利貞
027 生物の多様性ってなんだろう？ 生命のジグソーパズル 京都大学総合博物館 京都大学生態学研究センター編
028 心を発見する心の発達 板倉昭二 [心]5
029 光と色の宇宙 福江 純
030 脳の情報表現を見る 櫻井芳雄 [心]6
031 アメリカ南部小説を旅する ユードラ・ウェルティを訪ねて 中村紘一
032 究極の森林 梶原幹弘
033 大気と微粒子の話 エアロゾルと地球環境 笠原三紀夫 東野 達 監修
034 脳科学のテーブル 日本神経回路学会監修／外山敬介・甘利俊一・篠本滋編
035 ヒトゲノムマップ 加納 圭
036 中国文明 農業と礼制の考古学 岡村秀典 [諸]6

037　新・動物の「食」に学ぶ　西田利貞
038　イネの歴史　佐藤洋一郎
039　新編 素粒子の世界を拓く　湯川・朝永から南部・小林・益川へ　佐藤文隆 監修
040　文化の誕生　ヒトが人になる前　杉山幸丸
041　アインシュタインの反乱と量子コンピュータ　佐藤文隆
042　災害社会　川崎一朗
043　ビザンツ　文明の継承と変容　井上浩一　諸 8
044　江戸の庭園　将軍から庶民まで　飛田範夫
045　カメムシはなぜ群れる？ 離合集散の生態学　藤崎憲治
046　異教徒ローマ人に語る聖書　創世記を読む　秦 剛平
047　古代朝鮮　墳墓にみる国家形成　吉井秀夫　諸 13
048　王国の鉄路　タイ鉄道の歴史　柿崎一郎
049　世界単位論　高谷好一
050　書き替えられた聖書　新しいモーセ像を求めて　秦 剛平
051　オアシス農業起源論　古川久雄
052　イスラーム革命の精神　嶋本隆光
053　心理療法論　伊藤良子　心 7
054　イスラーム　文明と国家の形成　小杉 泰　諸 4
055　聖書と殺戮の歴史　ヨシュアと士師の時代　秦 剛平
056　大坂の庭園　太閤の城と町人文化　飛田範夫
057　歴史と事実　ポストモダンの歴史学批判をこえて　大戸千之
058　神の支配から王の支配へ　ダビデとソロモンの時代　秦 剛平
059　古代マヤ　石器の都市文明［増補版］　青山和夫　諸 11
060　天然ゴムの歴史　ヘベア樹の世界一周オデッセイから「交通化社会」へ　こうじや信三
061　わかっているようでわからない数と図形と論理の話　西田吾郎
062　近代社会とは何か　ケンブリッジ学派とスコットランド啓蒙　田中秀夫
063　宇宙と素粒子のなりたち　糸山浩司・横山順一・川合 光・南部陽一郎
064　インダス文明の謎　古代文明神話を見直す　長田俊樹
065　南北分裂王国の誕生　イスラエルとユダ　秦 剛平
066　イスラームの神秘主義　ハーフェズの智慧　嶋本隆光